La Guerre d'indépendance de l'Inde

1857-1858

Recherches Asiatiques
Collection dirigée par Philippe Delalande

Dernières parutions

Cyril BERTHOD, *La Partition du Bengale*, 2008.
Jean-Marie THIEBAUD, *La Présence française au Japon, du XVIe siècle à nos jours*, 2008.
Ami-Jacques RAPIN, *Opium et société dans le Laos précolonial et colonial*, 2007.
Louis AUGUSTIN-JEAN et Florence PADOVANI (dir.), *Hong Kong : économie, société, culture*, 2007.
Gérard Gilles EPAIN, *Indo-Chine, une histoire coloniale oubliée*, 2007.
François ROBINNE, *Prêtres et chamanes, métamorphoses des Kachin de Birmanie*, 2007.
Im FRANÇOIS, *La question cambodgienne dans les relations internationales de 1979 à 1993*, 2006.
Jeong-Im HYUN, *Corée, la transition vers la démocratie sous la pression étudiante dans les années 1980*, 2005.
Jean-Marie THIEBAUD, *La présence française en Corée de la fin du XVIIIème siècle à nos jours*, 2005.
Amaury LORIN, *Paul Doumer, gouverneur général de l'Indochine(1897-1902)*, 2004.
Philippe GRANDJEAN, *L'Indochine face au Japon 1940 – 1945*, 2004.
Pascale COULETE, *Dire la prostitution en Chine : terminologie et discours d'hier à aujourd'hui*, 2003
Éric GUERASSIMOFF, *Chen Jiageng et l'éducation*, 2003.
Jean DEUVE, *Le Royaume du Laos 1949-1965,*2003.
Pascale BEZANCON, *Une colonisation éducatrice ?*, 2002.
Albert-Marie MAURICE, *Croyances et pratiques religieuses des montagnards du centre-Vietnam,* 2002.
Guilhem FABRE, *Chine : crises et mutation,* 2002.
Chi Lan DO-LAM, *Chants et jeux traditionnels de l'enfance au Viêt-Nam,* 2002.
Phou-ngeun SOUK-ALOUN, *Histoire du Laos moderne (1930-2000)*, 2002.
Philippe Le FAILLER, *Monopole et prohibition de l'opium en Indochine*, 2001.

Michel Naumann et Fabien Chartier

La Guerre d'indépendance de l'Inde

1857-1858

L'HARMATTAN

5-7, rue de l'École-Polytechnique, 75005 Paris

http://www.librairieharmattan.com
diffusion.harmattan@wanadoo.fr
harmattan1@wanadoo.fr

ISBN : 978-2-296-05806-4
EAN : 9782296058064

INTRODUCTION

En septembre 2007 se tint à Créteil (Université Paris 12) une conférence sur 1857-8, organisée par le SARI (Société d'Activités et de Recherches sur les mondes Indiens). De par sa nature le SARI avait compris que le 150e anniversaire de la guerre d'indépendance indienne était incontournable et qu'il devait analyser ces événements avec des chercheurs indiens et des spécialistes venus de tous les continents. Décrié, défiguré par la vision coloniale des événements, idéalisé par les nationalistes indiens, ce soulèvement doit désormais être étudié avec toute l'attention qu'il mérite.

Ce volume, qui est la suite de la conférence de Créteil, comprend trois parties :
(1) les données historiques,
(2) les analyses faites sur l'événement,
(3) ses suites artistiques et littéraires.

Rarement les vertus de l'interdisciplinarité n'auront mieux servi un sujet.

Fabien Chartier (secrétaire du SARI)

Ces textes ont été recueillis par Michel Naumann et Fabien Chartier. Les traductions des articles écrits en Anglais sont de Fabien Chartier. Merci à Fatima Urvashi Naumann pour son aide à la mise en page et à Lalita Jagtiani, sans oublier le Pr E. Hanquart-Turner qui ouvrit au SARI les portes de l'Université Paris 12.

Ce travail est dédié au Pr C.T. Indra de Chennai et à notre collègue Tri Tran.

Michel Naumann (Président du SARI)

PREMIERE PARTIE : HISTOIRE

Après une brève chronologie, Mme Madhu Benoit présente un prologue très intéressant sur le recul des positions ouvertes de certains colonisateurs, recul dont elle fait une cause profonde des événements de 1857-8. Elle conduit son analyse sans idéaliser un mouvement culturel et stratégique qui reste colonial, mais il est indéniable qu'à l'intérieur d'un système par nature oppressif diverses articulations entre dominés et dominants sont possibles. Dans ces débats l'autre colonisé est vu soit comme foncièrement pervers soit comme un partenaire, certes inférieur, mais qu'il n'en faut pas moins écouter et que l'on peut aussi admirer. L'analyse de Madhu Benoit est aussi fine au niveau culturel qu'au niveau politique. Vient ensuite une évaluation de la doctrine de Dalhousie, étudiée par Belkacem Belmekki, de l'université d'Oran, qui montre de très belle façon que la mutinerie des cipayes était une profonde révolte des colonisés parce que les murs des casernes ne pouvaient isoler les soldats des réalités du pays sous le joug colonialiste.

Ces interventions font voler en éclat les explications simplistes des événements dont les causes multiples - mais rassemblées par la nature du système colonial et son autisme - ne peuvent être réduites à un conflit sur l'introduction de nouvelles cartouches.

Michel Naumann

LA PREMIERE GUERRE D'INDEPENDANCE :

CHRONOLOGIE

Michel Naumann, Université de Cergy-Pontoise

L'Inde et l'Angleterre

XVII° : La Compagnie anglaise des Indes orientales s'implante en Inde. Elle est dans l'histoire du capitalisme très novatrice (actionnaires, écoles internes, assurances, armée et immense pouvoir corrupteur dans la vie politique indienne et anglaise).
1757 : la bataille de Plassey livre le Bengale à la Compagnie.
1799 : le plus grand résistant à l'invasion, Tipu Sultan, fils de Hyder Ali, est tué lors du siège de sa capitale, Srirangapatna (Mysore) par les Anglais.
Première moitié du XIXe : ruine programmée des textiles indiens (au profit des textiles anglais), déclin des artisans, impositions (avides et peut-être mal informées) qui ruinent certaines hautes castes foncières au profit des usuriers et zamindars (collecteurs d'impôts). Accroissement du nombre de famines.
1806 : mutinerie de Vellore au Mysore.
1823-4 : conquête de la Birmanie.
1842 : retraite de Kaboul.
1853 : Nana Saheb, prince des Marathes, privé de sa pension.

La révolte des cipayes

1857 (mars) : rumeurs contre les nouvelles cartouches au 3° régiment de cavalerie légère de Meerut.
1857 (mai) : les lourdes condamnations de 85 cipayes déclenchent une mutinerie, suivie d'une marche sur Delhi. Les soldats reçoivent un accueil populaire qui montre que le peuple les suit de tout cœur. Le dernier empereur apporte son soutien aux insurgés.
1857 (juin) : la révolte gagne Bareilli, Jhansi (où s'illustre la célèbre Rani de Jhansi), Allahabad et Cawnpore (où intervient Nana Saheb) ainsi que Lucknow où résistent des assiégés.

La reconquête de la colonie

1857 (juillet) : reprise de Cawnpore, retraite de Nana Saheb.
1857 (septembre) : la révolte avorte à Lahore. Nicholson reprend Delhi.
1857 (octobre) : les assiégés de Lucknow réussissent à s'enfuir et la ville tombe.
1858 (janvier) : campagne des Anglais au Bhopal.
1858 (mars) : défaite de Tantia Topi. Lucknow et Jhansi sont reprises par les Anglais.
1858 (avril) : les insurgés regroupés dans le Rohilkhande remportent la bataille de Judgespore.
1858 (mai) : les Anglais prennent Bareilli, non sans que les rebelles évacuent la ville.
1858 (juin) : siège de Gwalior et mort de la Rani de Jhansi.
1858 (novembre) : Victoria prend le sceptre de l'Inde.
1859 (février) : les Anglais traquent les derniers résistants au Népal et tuent Beni Madho, Nana Sahib et Balao Rao.

CHAPITRE I

PROLOGUE - 1757

Madhu Benoit, université de Grenoble

L'épopée du « *Joyaux de l'empire britannique* » tient en trois dates : 1757 (bataille de Plassey), 1857 (grande mutinerie) et 1947 (proclamation de l'indépendance de l'Inde). Il est donc naturel, dans un colloque consacré aux événements de 1857, d'évoquer en prologue ceux de 1757, lorsque l'Honorable East India Company, organisation toute mercantile et privée, sortit de son rôle de négociant pour assumer celui de gouvernant.

L'année 1857 fut le théâtre de la pire crise traversée par le Raj et elle eut pour conséquence la disparition de 'La Compagnie'. En manière de prologue, pour replacer cette crise dans son contexte, je voudrais revenir cent ans en arrière, en 1757, quand le futur Raj était encore dans ses langes. La mort commence au jour de la naissance et il est vrai que les événements de 1757, comme la nature des protagonistes, contiennent tout à la fois les éléments de la fondation de l'empire et de sa future désintégration. C'est ce que nous allons nous efforcer d'exposer en rappelant quelques faits historiques et en explorant le rôle de l'évolution du contexte culturel et idéologique dans la centaine d'années qui sépare la prise de pouvoir par les Britanniques, sollicités par des princes en révolte, de la mutinerie de l'armée indigène.

I°) LE CONTEXTE HISTORIQUE :

Mon exposé repose pour une large part sur le travail des historiens, P.J. Marshall et Thomas R. Metcalf.

Lorsque l'East India Company a établi ses comptoirs de Madras, Calcutta et Bombay, il n'était pas question de colonisation, mais purement et simplement de commerce et si elle s'est rapidement dotée d'une petite armée (de mercenaires) c'était pour se protéger contre d'éventuels maraudeurs ou contre la concurrence des autres Européens. Mais, comme nous le verrons, la situation locale et l'appât du gain vont l'amener insensiblement, après 1757, à prendre le contrôle d'un vaste territoire au nord-est de l'Inde, correspondant aux Etats actuels du Bengale de l'ouest, du Bihâr et de l'Orissa et à l'actuel Bangladesh.

Comme le remarque Alexander Dow dans son ouvrage, *History of Hindostan*, les empereurs moghols, héritiers d'un empire taillé au sabre et conservé par les armes, monarques absolus, ne pouvaient être que des titans[1]. Après la mort du dernier d'entre eux, Aurangzeb, en 1707, une lignée d'empereurs jouisseurs, faibles et irrésolus ne pouvait que sonner le glas de l'empire[2]. L'endormissement des empereurs musulmans devait vite aiguiser l'appétit de leurs vassaux, les petits princes hindous, et déboucher sur des révoltes et des conflits territoriaux[3]. C'est alors que certains d'entre eux invitèrent les Européens, Anglais, Français et Hollandais, à leur fournir une aide militaire, en échange d'avantages commerciaux.

En 1740, le nord-est de l'Inde, le Bengale, a acquis une très grande autonomie. Son gouverneur (Nawab et Diwan) Alivardi Khan est en apparence loyal à l'empereur Moghol, très affaibli, mais il gouverne en fait selon son bon plaisir. Il maintient un équilibre délicat entre la noblesse musulmane, les puissants banquiers hindous, les Zamindars (collecteurs

---

[1] « *L'empereur est le seul arbitre et le pouvoir absolu qui prévaut sur* ****** *les lois. Les biens de ses sujets, grands ou petits, sont à sa disposition.* » (Dow I : xii)

[2] Dow décrit l'empereur Mahommed comme un faible livré à son indolence et aux plaisirs dégradants du harem. (II : 307)

[3] « *Chaque petit chef se déclarait être un prince.* » (II : 308)

d'impôts) et les commerçants européens, chose que son petit-fils, Siraj-du-daula, sera incapable de perpétuer à la mort d'Alivardi Khan en 1756. Peu après son avènement il s'aliène la plupart de ses sujets et interdit aux Britanniques de fortifier leurs positions à Calcutta. La noblesse moghole et les grandes familles hindoues s'allient alors contre le Nawab et sollicitent l'appui des Britanniques en échange d'avantages commerciaux accrus et d'énormes récompenses financières[4].

Dès sa fondation, le Raj britannique se trouva ainsi être d'abord une affaire d'intérêts personnels et non d'Etat à Etat. Les Britanniques remportèrent d'autant plus facilement la bataille de Plassey, le 23 juin 1757, qu'une grande partie des troupes du Nawab, commandée par des membres de l'aristocratie moghole, refusa tout simplement le combat.

Hindous et musulmans ne visaient naturellement, en sollicitant l'aide des Britanniques contre le Nawab, qu'à retrouver les privilèges qui leur avaient été retirés. La preuve de leur force faite, les Britanniques sentirent leurs appétits s'aiguiser. Ils démantelèrent d'abord les comptoirs français – les Français avaient prêté la main au Nawab – puis imposèrent toujours davantage leurs vues à ce dernier, jusqu'à le priver de tout pouvoir réel, situation formalisée en 1765 par le traité d'Allahabad par lequel l'empereur moghol régnant désignait l'East India Company comme son Diwan, ce qui signifiait que l'East India Company devenait le collecteur d'impôts pour les provinces du Bengale, du Bihâr et de l'Orissa, et donc le nouveau Nawab.

Dès la victoire, l'East India Company augmenta les effectifs de son armée en recrutant des mercenaires indiens (cipayes), comme le faisaient les nawabs. En 1768, la Compagnie disposait d'une armée de 25.000 soldats. Quelques années plus tard, en 1814, avec le pouvoir grandissant des Britanniques, l'armée était forte de 65.000 soldats et contrôlait le nord de l'Inde jusqu'à Delhi. Mais cette armée était composée de mercenaires dont la loyauté n'était pas totalement assurée. (Marshall B.B. 94-95)

---

[4] « *Ils voulaient bien offrir à la compagnie des compensations et de nouveaux privilèges. Les personnes individuelles furent aussi remboursées et Clive et tous les soldats étaient assurés de récompenses énormes.* » (Marshall, B.B., 77)

Il aurait semblé naturel qu'une simple compagnie commerciale, fut-elle armée, cède la place à un accord entre Etats et que l'empereur Moghol qui déléguait ainsi la gestion de son empire, se tourne vers la couronne. Mais la Compagnie ne voulait rien perdre de ses privilèges et assurait qu'un quelconque changement de son statut serait une violation des droits reconnus par sa charte fondatrice, ce dont aucun gouvernement ne prit la responsabilité avant la Mutinerie.

Mais qui était l'East India Company ? La réalité était qu'en 1757 une large partie du territoire du nord de l'Inde était gouverné par une entreprise privée dont la direction était uniquement responsable devant ses actionnaires, lesquels mesuraient les performances de la Compagnie en termes de dividendes. Les directeurs de la Compagnie étaient choisis parmi les plus gros actionnaires. Ils étaient responsables de la gestion de l'entreprise.[5] La plupart étaient des négociants londoniens pour lesquels l'East India Company était une activité parmi d'autres, comme le fret maritime, la banque ou le négoce international. La plupart d'entre eux n'avaient aucune connaissance de l'Inde.[6] En bref, l'East India Company fonctionnait comme n'importe quelle multinationale d'aujourd'hui, avec ses gains en point de mire. En outre, comme le voyage durait six mois entre Londres et Calcutta, les employés de la Compagnie en Inde cultivaient une certaine autonomie de décision qui pouvait être et qui fut parfois contraire à la politique affichée par la direction.

Il est surprenant que dans ces conditions les choses aient pu durer jusqu'à la rébellion de 1857. Les défauts du système ont conduit à plusieurs reprises l'administration britannique à intervenir auprès de la Compagnie, mais l'idée générale était de réformer et d'adapter cette dernière et non de prendre sa place. Une des raisons en était, comme nous l'avons vu, la réticence de la Compagnie elle-même à se voir dessaisir de juteux privilèges et d'immenses pouvoirs. Mais cela tenait

---

[5] « *L'autorité ultime au sein de la Compagnie appartenait aux actionnaires rassemblés dans une cour générale. Depuis 1698 pouvaient voter les possesseurs de 500 £ d'actions sans condition de sexe, de religion ou de nationalité.* » (Marshall P.E. 24-25)

[6] Marshall cite le cas d'un directeur qui demanda à Clive si Sir Roger Dowlat (Siraj-ud-daula) était un baronet. (Marshall P.E. 26)

aussi aux réticences de l'opinion britannique d'alors devant l'aventure coloniale.

Avec sa transformation en puissance gouvernante, appuyée par une armée, l'East India Company se trouvait à la fois sous l'œil de ses actionnaires, qui surveillait les dividendes, et l'objet de l'intérêt du public, qui scrutait son action politique. Des affaires retentissantes, comme celle de Warren Hasting, premier gouverneur général de l'Inde britannique (de 1773 à 1785), poursuivi pour abus de pouvoir, ne pouvaient dans ce contexte que ternir l'image de la Compagnie et poser la question du bien fondé de ses immenses pouvoirs. Aux interrogations de l'opinion publique devait finalement répondre une idéologie représentant l'Inde comme ayant besoin d'être colonisée pour accéder à la modernité grâce à la gestion des britanniques.

II) LE CONTEXTE IDEOLOGIQUE :

Avant 1757, l'Orient et l'Inde en tout premier lieu sont « *la terra incognita du Moyen Age.* » Citons Jean Bies, auteur de Littérature française et intéressé par la pensée hindoue des origines à 1950 :

> « *Débordant de trésors inouïs, manifestation de phénomènes supranaturels, apparition de peuples étranges, de monstres, de filles-fleurs, ascensions dans les cieux, explorations sous-marines, rien ne manque à l'Inde fabuleuse, si ce n'est l'Inde elle-même.* » (*Le Roman d'Alexandre*, Biès 2).

En dépit de la réalité, cette image fantaisiste de l'Inde a continué à perdurer. Lyane Guillaume note :

> « *Jusqu'à la fin du 18ème siècle, la vision qu'avait de l'Inde l'élite cultivée était encore tributaire de Ctésias et de Mégasthène : un peuple de 'fakirs' nus, mi-hommes, mi-monstres, debouts en plein soleil un pied dressé au-dessus de la tête....Cliché qui se perpétua en dépit des informations recueillies sur le terrain par plusieurs générations de navigateurs portugais ou*

vénitiens, de religieux ou de militaires et par-delà des témoignages vécus comme Bernier ou Tavernier. » (Guillaume 185)

C'est une imagerie que viendront modifier plus tard les voyageurs européens en Inde. Cependant, la représentation qu'avait l'Europe de l'Inde jusqu'au dix-huitième siècle reposait d'abord sur les lettres de missionnaires et les écrits d'hommes comme Bernier.

Le mythe du despote oriental est essentiel. Les œuvres de François Bernier (*Histoire de la Dernière Révolution des Etats du Grand Mogul,* 1670, et *Suite des Mémoires*, 1671) et les écrits d'Alexander Dow (*The History of Hindostan*, 1770) sont probablement ceux qui ont eu le plus d'influence tout au long du dix-huitième siècle. Bernier a été l'un des premiers à s'étendre sur "*le despotisme oriental*", notion à laquelle les Anglais se référeront sans cesse pendant la colonisation. Alexander Dow continue de nourrir ce mythe lorsqu'il écrit :

> « *La foi en Mahomet est tout particulièrement propice à l'exercice du despotisme (...) Les pouvoirs illimités conférés a chaque chef de famille par le mahométisme est une invitation à accepter l'esclavage*"[7]. »

En outre, Dow trouve les hindous mous et paresseux, mettant en cause le climat et les chaleurs excessives ainsi que la religion hindoue[8]. Toutefois, les travaux d'historiens contemporains montrent que la domination moghole en Inde a peut-être été moins brutale et arbitraire qu'on l'a dépeinte, notamment au regard de la situation en Europe à la même époque.

C'est toutefois au nom de la lutte contre le despotisme oriental que les Britanniques ont justifié leur rôle de conquérants après 1757, un rôle jugé nécessaire voire bénéfique

---

[7] « *L'Islam conduit au despotisme.* » (III9 : xiii)

[8] « *Le climat rend les indigènes doux et indolents.* » (III : xiv)
« *Leur religion les rend soumis et pacifiques.* » (III : viii)
« *L'Asie, siège des grands empire, n'a produit que des esclaves abjectes.* » (III : ix)

pour les populations administrées. Mais c'est une idéologie qui a été longue à se construire.

Avant 1757 peu de Britanniques s'intéressaient à la culture indienne. Cette indifférence céda la place à une nouvelle politique après Plassey. En 1772, Warren Hastings s'est vu donner par le parlement la tâche de réformer l'administration du Bengale. Il a défendu une nouvelle politique culturelle dont la clé était la création d'un corps d'élite de fonctionnaires parlant les langues indiennes et connaissant les traditions locales. C'est ainsi qu'a été créée plus tard, pendant l'administration de Lord Wellesley, une école destinée à enseigner aux futurs fonctionnaires de l'East India Company les langues, la littérature et l'histoire indiennes. L'idée était évidemment de rapprocher les colonisateurs des colonisés, dans un but d'efficacité politique et de compréhension mutuelle. Hastings lui-même parlait plusieurs langues indiennes et sous son administration la Compagnie entra dans sa phase 'orientaliste'. Les relations entre les Indiens et les Britanniques étaient particulièrement chaleureuses et Hastings compta plusieurs amis parmi l'élite indienne.

Cette politique ne devait toutefois pas survivre au départ de Hasting. Son successeur, Lord Cornwallis, n'avait aucune expérience préalable de l'Inde et il se montra indifférent à la cause de l'orientalisme britannique. La politique d'Hasting perdit peu à peu son élan, la volonté d'établir un contact avec les Indiens disparut et les Britanniques cultivèrent leur hautaine différence de colonisateur.

Sir William Jones a été un des piliers de l'orientalisme britannique. Nommé magistrat à Calcutta en 1783, il devint l'un des alliés de Hasting dans son effort pour rapprocher Britanniques et Indiens. Il a fondé la célèbre Société Asiatique du Bengale et s'est lancé dans une série de traductions de textes sanskrits qui ont bouleversé l'image que les habitants de la métropole se faisaient de la culture hindoue. Les travaux de Jones, qui dévoilaient la richesse et la profondeur de cette culture, ainsi que ceux de ses contemporains orientalistes, ouvraient la voie à un dialogue culturel entre les peuples d'Europe et d'Asie du sud et écartaient la notion de supériorité de la race blanche sur les gens de couleur. En 1800, les Européens et tout particulièrement l'élite intellectuelle considéraient la culture indienne comme une importante contribution à la culture mondiale.

Hastings et Jones étaient néanmoins convaincus du bien-fondé de la colonisation, ainsi que le montre Gauri Vishwanathan, citant une déclaration du premier gouverneur général :

> "*Toute accumulation de connaissances et particulièrement celles obtenues par un contact social avec les peuples que nous gouvernons en vertu de l'exercice des droits créés par la conquête est utile à l'Etat et à l'humanité*"[9].

L'impérialisme impitoyable qui sous-tend cette déclaration et la nouvelle politique dite 'orientaliste' est à peine caché. La différence entre orientalistes et anglicistes était certes faible mais les premiers militaient pour une sorte de rapprochement culturel et par voie de conséquence pour un respect mutuel ouvrant la voie à une prise en compte des intérêts des uns et des autres, au contraire des seconds, pétris du sentiment de la supériorité de la civilisation européenne.

En effet, l'école de pensée représentée par les 'anglicistes', eurocentrique par excellence, se dressait contre la politique de Hastings, craignant que les jeunes Britanniques qui débarquaient en Inde, avec un esprit encore malléable, ne soient pervertis par la philosophie et la littérature d'une civilisation barbare. Charles Grant, par exemple, un directeur de la Compagnie qui était également évangéliste, s'opposait violemment à toute ouverture culturelle. Dans cette lutte les orientalistes, comme Jones, devaient être balayés par les anglicistes qui considéraient que les langues et cultures européennes ne pouvaient que remplacer avantageusement les cultures indiennes.

L'un des plus virulents et des plus influents croisés de la supériorité européenne aura sans conteste été l'historien James Mill. Mill, qui n'a jamais mis les pieds en Inde mais a réussi à écrire une histoire de l'Inde (1817) qui aura été

---

[9] Gauri Viswanathan: *Masks of Conquest,* New York, Columbia U.P., 1989, p 28.

l'ouvrage de référence pendant une grande partie du dix-neuvième siècle. Il a influencé des penseurs comme Marx et Hegel et son *Histoire*, en outre, a été la bible de tout fonctionnaire de l'administration coloniale en Inde jusqu'en 1855. Mill, entré à l'East India Company en 1819, devait y rester jusqu'à sa mort, en 1836, et se hisser jusqu'à un des postes de direction les plus élevés.

Mill reprend la notion du despote oriental que nous avons vue, lui donne des assises scientifiques, accusant la société hindoue de vivre sous la tutelle des prêtres, sous le joug d'une religion plus près des croyances superstitieuses que des valeurs spirituelles[10]. Horace Hayman Wilson, un orientaliste renommé, versé dans les langues indiennes et ayant vécu en Inde, a fait indirectement justice au livre de Mill, dans sa préface à une nouvelle édition en 1840, écrivant d'emblée que l'auteur ne connaissait ni l'Inde ni les langues indiennes et qu'il s'était basé sur des sources de fiabilité douteuse, en faisant au surplus un usage erroné.

Comme Max Müller devait le faire plus tard, Wilson regrette l'effet pernicieux de ce livre sur les relations entre les Britanniques et les Indiens. Le considérant comme un manifeste idéologique, il s'emploie par une série de notes dans le corps même de l'ouvrage à en souligner les lacunes et les affirmations mensongères ou tendancieuses. Plus tard, Amartya Sen, fait écho à Wilson et Müller.

Citons Sen :

> « *Mill dispute et rejette presque toute revendication faite en faveur de la culture indienne. Il en conclut qu'elle n'est que primitive et grossière. Ce diagnostic s'accordait bien avec la position de Mill qui souhaitait amener les bienfaits d'un Empire britannique à un pays plutôt barbare.*[11] » (Sen 4)

---

[10] Pour Mill l'Indien est l'être humain le plus soumis à la dégradation qu'entraîne la superstition. (II 131-2. Book II *Of the Hindus*).

[11] Sen, Armatya, 1993. « India and the West ». *The New Republic*, 7 juin, p 4. L'attitude de Mill envers l'Inde a en outre fait l'objet de très nombreuses études en Inde.

Au contraire, Thomas Babington Macaulay, dont le célèbre *Minute* mit fin à ce débat, pensait le plus grand bien de l'ouvrage de Mill, dont il partageait d'ailleurs le point de vue selon lequel le monde avait tout à gagner de la diffusion de la culture européenne. C'est pourquoi il a défendu l'imposition en 1835 de l'anglais comme première langue dans les écoles indiennes où la littérature européenne et les sciences étaient les principaux sujets, aux dépens du sanskrit et des langues vernaculaires.

Ainsi prit fin la brève lune de miel culturelle anglo-indienne. Cornwallis en avait déjà sonné le glas, déclarant "*tout Indien est corrompu*"[12]. Ayant créé l'image d'un peuple par nature menteur et chicanier, les Anglais pouvaient en toute bonne conscience réaffirmer leur supériorité morale et par conséquent justifier leur campagne coloniale. Mais c'est cette même absence de compréhension de la culture indienne et de contact avec les colonisés qui devait déboucher sur la mutinerie des cipayes en 1857.

CONCLUSION :

Nous voyons ainsi comment la grande mutinerie de 1857 et tous les bouleversements qui en résultèrent aboutirent finalement à la mise en accusation du dernier empereur moghol, Bahadur Shah, et à son exil en Birmanie comme à l'établissement d'un ordre nouveau marqué par la fin du règne de l'East India Company. Tout cela se révèle comme l'aboutissement logique des événements de 1757. Après cette dernière date, en effet, le discours idéologique en vigueur a créé une hiérarchie appuyée sur la notion de la supériorité naturelle des blancs sur les autochtones, ce qui a non seulement interdit tout rapprochement entre colonisateurs et colonisés, mais également donné aux Britanniques un faux sentiment de sécurité. Les employés de la Compagnie, assoupis et aveuglés, n'ont pas vu que l'écart qui se creusait rapidement devenait un abîme dans lequel allait être engloutie la Compagnie, quand les événements de 1857 leur exploseraient au visage.

---

[12] « *Je tiens pour corrompu tout habitant de l'Hindoustan.* » (Gangopadhya 24)

Toutefois 1757 devait aussi avoir à terme une incidence culturelle heureuse. L'idéologie adoptée par la Compagnie a finalement été invalidée par l'histoire. La démarche culturelle inaugurée par Hastings et Jones, qui a suivi immédiatement 1757, a été reprise en héritage. L'orientalisme, quoi que peu « asiocentrique », battit en brèche l'eurocentrisme, contraignant l'Europe à porter un nouveau regard sur l'Asie. A travers les traductions d'œuvres littéraires et philosophiques indiennes et grâce aux travaux érudits sur les découvertes des Indiens en matière d'astronomie, de mathématiques et de sciences, l'école orientaliste a attiré l'attention du monde sur la contribution de l'Inde à l'œuvre de civilisation, de même que sur la beauté de sa poésie et de son théâtre. Le petit groupe de lettrés européens rassemblé autour d'Hasting a ainsi montré combien la littérature indienne était importante pour l'étude comparée de la mythologie et de la linguistique. Le mouvement orientaliste a finalement débouché sur ce que Raymond Schwab devait appeler « *la renaissance orientale* », tant en Inde qu'en Europe.

Les découvertes de l'école orientale sur la littérature indienne et la philosophie ont été accueillies avec enthousiasme par les gens de lettres dans toute l'Europe. Schlegel, Herder et Goethe ont lu les ouvrages de Jones, Wilkins, Colebrooke et Wilson avec un intérêt sans cesse accru. En France, la prestigieuse Ecole des langues orientales a été ouverte en 1795 dans un climat général d'euphorie. En 1828, quand Victor Cousin donna ses fameuses leçons de philosophie à la Sorbonne, les leçons six et sept furent consacrées à la philosophie indienne. Ce qui lui fit dire dans sa cinquième leçon :

> « *En effet, la philosophie indienne est tellement vaste qu'on peut dire, à la lettre, qu'elle est un abrégé de l'histoire entière de la philosophie. Admirez donc ici la force, la fécondité naturelle de l'esprit humain, qui a débuté par de si grandes choses* ». (Cousin 125)

Mais le véritable héritier de la culture syncrétiste introduite par Hasting et Jones a été sans doute le grand mouvement romantique du tournant du siècle, un mouvement qui a embrasé toute l'Europe. La pensée orientaliste peut être considérée comme ayant anticipé le « sublime romantique ». Non pas tant comme une simple touche d'exotisme et de bigarrure, mais plutôt comme une plongée universelle dans des mythologies précédemment inconnues – indienne ou perse – liées à l'Etre suprême et à la création de l'univers, qui ont ravi l'imagination des Européens. En Grande-Bretagne, la poésie de Coleridge, Southey, Byron, Shelley et d'autres romantiques moins connus en porte la marque. Le monde avait tourné sur son axe.

Pour finir, je citerai ici la célèbre phrase de Raymond Schwab :

> « *Tout à coup, l'humanisme partiel des classiques devient l'humanisme intégral qui nous semble maintenant un produit de la nature... Seulement après 1771, la terre devient vraiment ronde ; la moitié de la carte des cerveaux n'est plus en blanc. Pour mieux dire, ce n'est pas une deuxième Renaissance, c'est la première qui tardivement se complète de sa fin logique.* » (23)

BIBLIOGRAPHIE :

BIES, Jean Littérature française et pensée hindoue – des origines à 1950. thèse présentée le 10.02.1973 à l'Université Toulouse –Le Mirail. Lille, 1974.

CANNON, Garland. 'Jone's "Sprung from Some Common Source" : 1786-1986. Lamb, Sydney M. et Mitchell E. Douglas, eds. Sprung from Some Common Source – Investigations into the Prehistory of Languages. Stanford, California, Stanford UP, 1991 (pp 23-47)

CANNON, Garland. 'Sir William Jones and the British Discovery of Ancient Sanskrit Culture'. Mankind Quarterly, (22 :3), 1982 Spring, 209-225.

CANNON, Garland : 'The Construction of the European Image of the Orient : A Bicentenary Reappraisal of Sir William Jones as Poet and Translator' Comparative Criticism : An annual journal, (8), 1986, 167-188.

COUSIN, Victor. Histoire générale de la philosophie. Paris : Didier et Cie, 1861. (pp117-180)

DOW, Alexander, The History of Hindostan. (1770) New Delhi : Today and Tomorrow's Publishers, 1973. 3 vols

GANGOPADHYAY, Tapas Kumar. 'Sir William Jones : His Role in the History of the Asiatic Society of Bengal' Journal of the Asiatic Society (Calcutta), (22 :3-4), 1984 Apr. 15-31.

GUILLAUME, Lyane, pp185-202'L'Inde retrouvée ou la nostalgie des origines' dans VINCENT, Rose, ed. L'Aventure des Français en Inde – XVIIe – XXe siècles, Pondichéry : Kailash Editions, 1995.

KOPF, David. 'The Historiography of British Orientalism, 1772-1992' CANNON and BRINE, eds Objects of Enquiry The Life, Contributions , and Influences of Sir William Jones (1746-1794). New York, New York UP, 1995. pp 141-160.

MARSHALL, P.J. Problems of Empire – Britain and India 1757-1813. London : George Allen and Unwin, 1968.

MARSHALL, P.J. The New Cambridge History of India II.2 Bengal : The British Bridgehead Eastern India 1740-1828. Cambridge : Cambridge UP, 1987.

METCALF, Thomas R. Ideologies of the Raj The New Cambridge History of India. III. 4. Cambridge : Cambridge UP, 1994.

MILL, James. The History of British India (1818) Notes by Horace Hayman Wilson (1840) Introduction by John Kenneth Galbraith. New York : Chelsa House Publishers, 1968. (4 vols)

SCHWAB, Raymond, La Renaissance Orientale, préface de Louis Renou. Paris : Payot, 1950.

SEN, Amartya, 1993. "India and the West". The New Republic, 7 June, 27-34.

VISWANATHAN, Gauri, Masks of Conquest – Literary Study and British Rule in India. New York : Columbia UP, 1989.

CHAPITRE II

LA « DOCTRINE OF LAPSE » DE LORD DALHOUSIE ET LE GRAND SOULEVEMENT EN INDE BRITANNIQUE

Belkacem Bemakki, université d'Oran

Il est fréquent chez quelques historiens britanniques de sous-estimer les événements de 1857 et de n'y voir qu'un simple développement du mécontentement d'un groupe de Sepoys (cipayes) ou soldats indigènes, réagissant spontanément aux frustrations qui leur étaient imposées. Néanmoins, cette tendance à ne considérer ces événements que dans leur dimension militaire n'a pas pu être justifiée sur le terrain. En fait, peu de temps après la protestation née dans les casernes, le mouvement s'est rapidement répandu dans la population civile. Ceci reflète le fait que, mis à part les sepoys, les habitants civils du sous-continent indien étaient, eux aussi, mécontents des pratiques et des politiques de la compagnie des Indes orientales.

En effet, il y a un consensus général chez beaucoup d'historiens et de contemporains du dix-neuvième siècle de l'Inde britannique selon lequel les racines de cette révolution étaient plus profondes qu'un simple mécontentement des militaires. En fait, cet événement fut déclenché par le fait que le peuple indien avait, dans son ensemble, souffert des règles imposées. En d'autres termes, sous l'administration de la Compagnie des Indes orientales, presque chaque Indien, quels que soient sa foi, son statut social et son milieu culturel, était victime d'un appauvrissement matériel et spirituel. Comme pour rendre la situation encore plus tendue, les Indiens, profondément conservateurs, sentaient que leurs traditions culturelles et religieuses étaient menacées par les étrangers.

Cette intrusion dans la vie indienne ne fut pas confinée aux affaires culturelles et religieuses. Les Anglais osèrent également toucher aux traditions politiques des Etats princiers semi-autonomes du sous-continent, qui avaient pourtant déjà pris en compte l'hégémonie britannique. Ceci leur aliéna en grande partie les princes locaux, même ceux qui, en 1857, ne réagirent pas à la révolte contre les colonisateurs britanniques.

Par conséquent, le but de cet article est d'éclairer la relation entre le malaise politique des princes de l'Inde causé par les politiques expansionnistes de Lord Dalhousie – elles-mêmes caractérisées par la « *doctrine of lapse* » – et la participation de ces princes à la grande révolte.

Selon la tradition indienne, un gouverneur sans héritier biologique pouvait adopter une personne autorisée à hériter de ses biens et de ses droits politiques.[13] Plus encore, il était obligatoire pour les dirigeants hindous sans enfant d'adopter un héritier car l'hindouisme exige que des prières et des sacrifices soient faits par les fils pour assurer au parent défunt une autre vie.[14] Cependant, Lord Dalhousie, gouverneur général de l'Inde entre 1848 et 1856, avait défié cette tradition politique.

Arrivé au pouvoir en Inde, Lord Dalhousie, qui était convaincu de la supériorité britannique et déterminé à transformer l'Inde en Grande-Bretagne asiatique, conçut un stratagème connu sous le nom de « *doctrine of lapse* », par

---

[13] R. A. Huttenback, *The British Imperial Experience*, Harper & Row Publishers, London, 1966, p. 71.

[14] A. Read and D. Fisher, *The Proudest Day: India's Long Road to Independence*, Pimlico, London, 1998, p. 48.

lequel les Etats princiers encore semi-autonomes du sous-continent indien pouvaient facilement être annexés par l'autorité britannique. Cette doctrine, qui toucha aux règles de succession dans ces Etats princiers, établit qu' « *un Etat dont le gouverneur est mort sans laisser un héritier direct de sexe masculin était confisqué par la Compagnie.* »[15] Héritier direct signifiait, selon Lord Dalhousie, héritier biologique et non un enfant adopté. En réalité, cette doctrine visait à acquérir plus de territoires qui pourraient rapporter plus en imposant des taxes à la population locale, avec le minimum de dépenses et sans aucune action militaire.[16] Selon Lawrence James, entre 1847 et 1856, par ce stratagème, plus de cinq Etats tombèrent sous l'autorité britannique[17] : Satara (1848), Jaitpur et Sambalpur (1849), Baghat (1850), Chota Udaipur (1852), Jhansi (1853) et Nagpur (1854).[18]

En plus des annexions territoriales, Lord Dalhousie avait également appliqué cette doctrine aux titres et pensions payées par la Compagnie des Indes orientales aux anciens dirigeants des territoires annexés. Ainsi, les héritiers adoptés n'avaient ni le droit de succession au trône ni le droit d'héritage.[19]

Selon la doctrine de Lord Dalhousie, la mauvaise gouvernance pouvait également être un autre prétexte à de nouvelles annexions. Tel fut le cas du royaume d'Oudh, situé dans le nord-est de l'Inde. En 1856, le roi d'Oudh, Wajid Ali, fût accusé par Lord Dalhousie de corruption et de débauche et, par conséquent, son royaume fût annexé.[20] Evidemment, la mauvaise gouvernance et la corruption n'étaient qu'une excuse utilisée par Lord Dalhousie pour justifier cette colonisation. La vraie raison était de mettre la main sur les revenus potentiels de cet Etat princier si riche. Le désir de Lord Dalhousie d'annexer le royaume d'Oudh est clairement exprimé dans une lettre écrite

---

[15] L. James, *Raj: The Making and Unmaking of British India*, Little, Brown and Company, London, 1997, p. 234.
[16] A. Read and D. Fisher, op. cit., p. 47.
[17] L. James, op. cit., p. 234.
[18] K. A. Ballatchet, 'James Ramsay Dalhousie', in *The New Encyclopaedia Britannica,* England, 1973, Vol. 5, p. 438.
[19] A. Read and D. Fisher, op. cit., p. 47.
[20] Ibid.

à un ami personnel le 18 août 1853 : « *Le roi d'Oudh serait arrogant. J'espère que c'est vrai. Le gober avant que je parte serait une grande satisfaction.* »[21]

La colonisation britannique avait toujours provoqué la misère dans la population locale des Etats princiers. Non contents de déposséder les gouverneurs de leur autorité, les fonctionnaires de la Compagnie anglaise avaient également confisqué les biens locaux. Peu de temps après la colonisation d'Oudh, environ 21.000 taluqdars, aristocrates traditionnels, furent dépouillés de leurs richesses et, du jour au lendemain, se sont retrouvés sans aucune source de revenu, « *incapables de travailler, honteux de mendier et condamnés à la misère.* »[22]

Beaucoup d'historiens de l'Inde britannique affirment, à la suite de contemporains de la révolte, que cette dernière phase de la colonisation avait certainement nourri la grande révolte indienne. Selon B. Chandra, presque chaque famille agricole de ce pays (Oudh) avait un représentant dans l'armée du Bengale (presque 75.000 des 153.000 sepoys étaient du royaume d'Oudh).[23] Ainsi, tout ce qui se passait là-bas les affectait directement. C'est l'erreur commise par les Anglais. Lord Dalhousie aurait dû montrer plus de prudence avant de coloniser l'Oudh. 14.000 sepoys de l'armée du Bengale avaient signé des pétitions protestant contre la misère provoquée par cette colonisation.[24]

Les fonctionnaires britanniques n'étaient pas tous d'accord avec la nouvelle politique de Dalhousie. De plus, nombre d'entre eux l'avaient averti des conséquences que pouvait avoir cette politique dans l'armée. B. Chandra a publié une lettre d'un haut dirigeant britannique destinée à Lord Dalhousie suite à la colonisation d'Oudh.

---

[21] K. K. Aziz, *Britain and Pakistan : A Study of British Attitude towards the East Pakistan Crisis of 1971*, University of Islamabad Press, Islamabad, 1974, p. 5.

[22] B. Chandra, M. Mukherjee, A. Mukherjee, K. N. Panikkar and S. Mahajan, *India's Struggle for Independence,* Penguin Books, Calcutta, 1998, p. 36.

[23] Ibid., p. 35.

[24] A. Read and D. Fisher, op. cit., p. 48.

« Votre armée est constituée de paysans du pays qui ont des droits et si ces droits sont violés par moment, ne comptez plus sur la fidélité de l'armée... cette armée sympathisera avec la population car ils en font partie et à chaque violation des droits des individus vous violez les droits d'un homme qui peut être un soldat de votre armée, son fils, son père ou une relation. »[25]

Ces avertissements passèrent inaperçus.

Malheureusement pour Dalhousie, ce dirigeant de haut rang avait raison, parce que la colonisation d'Oudh fut non seulement une des causes des manifestations de la grande révolte, mais surtout une cause essentielle au regard de la proportion significative de soldats de cette région engagés dans l'armée du Bengale (environ les trois quarts).[26] À cet égard, Christopher Hibbert rapporta que le Général major William Sleeman avait dit à Lord Dalhousie que le royaume d'Oudh représentait « *la grande pépinière des sepoys.* »[27]

La politique de Lord Dalhousie avait engendré un grand ressentiment parmi les Indiens, notamment les princes et les propriétaires qui avaient perdu leurs richesses, leurs droits et leur prestige. Beaucoup d'historiens témoignent du fait qu'il fut le dernier à saisir le sens de la révolte.[28] R.A. Huttenback confirma cela quand il dit : « *quelle que soit l'attitude des princes de l'Inde devant la révolte, ils avaient eux aussi souffert de la privation des terres et avaient vu leurs héritiers adoptifs non reconnus par le gouvernement britannique.* »[29] En effet, selon Judith M. Brown, de tels princes dépossédés avaient joué un rôle significatif dans les événements de 1857 du fait qu'ils « *ont été utilisés comme slogan, aidant à unir les mouvements des sepoys et des groupes civils* ».[30]

---

[25] B. Chandra, M. Mukherjee, A. Mukherjee, K. N. Panikkar and S. Mahajan, op. cit., p. 35.

[26] S. David, *The Indian Mutiny : 1857,* Viking, London, 2002, p. 8.

[27] C. Hibbert, *The Great Mutiny : India 1857*, Allen Lane, London, 1978, p. 218.

[28] L. James, op. cit., p. 234.

[29] R. A. Huttenback, op. cit., p. 71.

[30] J. M. Brown, *Modern India: The Origins of an Asian Democracy*, Oxford University Press, Oxford, 1991, p. 88.

Le meilleur exemple pour illustrer cela est probablement le cas de Nana Sahib (1820-1859) qui fut adopté en 1827 par Baji Rao II, le dernier Maratha Peshawa, à qui on avait promis qu'après la colonisation de sa principauté par la Compagnie des Indes orientales seraient maintenus ses £80 000 de pension annuelle à vie et ses titres en faveur de son fils adoptif Nana Sahib. Toutefois, quand Lord Dalhousie prit le pouvoir, il refusa de reconnaître les droits de Nana.[31]

En fait Nana Sahib avait réitéré ses efforts pour récupérer la pension et les titres de son père adoptif par des pétitions envoyées aux officiers de la compagnie britannique à Calcutta et à Londres, mais sans succès. En 1857 Nana n'a pas hésité à s'engager dans la grande révolte et il en devint un des chefs les plus célèbres.[32]

Le mépris des princes dépossédés peut également être reflété par l'histoire de Lakshmi Bai, la Rani ou reine de Jhansi.[33] La Rani avait épousé le vieux Rajah infirme de Jhansi en 1842. Malheureusement, ce mariage ne leur avait apporté aucun enfant. Mais sur son lit de mort, le Rajah avait adopté Damodar Rao, un garçon de cinq ans, à qui le trône de Jhansi devrait être légué. Lord Dalhousie, dès qu'il apprit la mort du Raja, refusa d'approuver une telle succession et colonisa Jhansi en 1854 en tant qu'Etat sans héritier.[34] Christopher Hibbert a cité les paroles de la Rani : « *Je ne renoncerai pas à mon Jhansi.* »[35] Ceci la mena jusqu'à faire appel à la cour des directeurs à Londres. Mais, cet appel fût rejeté. Comme pour enfoncer encore plus le couteau dans la plaie, les dirigeants de la Compagnie décidèrent de la punir d'avoir eu l'audace de

---

[31] H. Read, *India and its people: ancient and modern, with a view of the Sepoy mutiny: embracing an account of the conquests in India by the English, their policy and its results: the Moral, Religious, and Political Condition of the People: their Superstitions, rites, and customs*, J. & H. Miller, Columbus, 1858, p. 72.

[32] R. A. Huttenback, op. cit., p. 71.

[33] Jhansi était une petite principauté marathe au centre de l'Inde.

[34] S. David, op. cit., p. 350.

[35] C. Hibbert, op. cit., p. 378.

contester la colonisation de son Etat en lui faisant payer les dettes de son défunt mari sur sa propre pension.[36]

Pendant l'évolution de la révolte la Rani mena ses troupes dans la bataille et combattit comme un noble et courageux guerrier. Selon S. David, beaucoup de contemporains ont été fascinés par son courage sur le champ de bataille lorsque, l'épée à la main, elle réaffirma son engagement : « *Rien ne me donnera un plus grand bonheur que de mourir sur le champ de bataille...* »[37] K. Meyer et S. Brysac ont écrit que l'historien britannique Antonia Fraser avait déclaré que « *La Rani ressemble à la Reine Boadica, qui, la main blessée par une flèche, a mené son armée contre les envahisseurs romains qui avaient fait du tort à sa famille et à son peuple.* »[38]

À la suite de la grande révolte, le gouvernement britannique fut convaincu que la politique de colonisation de Lord Dalhousie était la cause de la participation des princes dépossédés aux événements. D'ailleurs, le gouvernement britannique avait également déduit que même la plupart de ceux qui n'avaient pas été victimes du stratagème de Lord Dalhousie avaient participé à la révolte de peur qu'ils en soient les prochaines victimes.[39] Par conséquent de nouvelles mesures devaient être prises afin d'éviter le renouvellement de tels événements. On put le sentir dans le discours de la Reine Victoria adressé aux princes et aux peuples du subcontinent indien, dans lequel elle annonça :

> « *Nous ne désirons aucune extension de nos possessions territoriales ; de même que nous ne permettrons aucune agression contre nos domaines ni que nos droits soient impunément touchés, nous sanctionnerons toute violation de l'un de vos droits. Nous respecterons les droits, la dignité, et l'honneur*

---

[36] Ibid.

[37] S. David, op. cit., p. 362.

[38] K. Meyer and S. Brysac, K. E. Meyer and S. B. Brysac, *Tournament of Shadows: The Great Game and the Race for Empire in Asia*, Abacus, London, 2001, p. 138.

[39] T. R. Metcalf, *The Aftermath of Revolt: India 1857-1870*, Princeton University Press, New Jersey, 1965, p. 111.

des princes autochtones autant que les nôtres... Nous savons, et respectons, les sentiments et l'attachement des Indiens à leurs terres héritées de leurs ancêtres et nous désirons protéger leurs droits... Nous nous assurerons que généralement, dans la répartition et l'administration de la loi, un droit d'appel soit accordé aux demandeurs selon les antiques coutumes de l'Inde. »[40]

Comme cela pouvait être senti dans la déclaration de la Reine, la « *doctrine of lapse* » de Lord Dalhousie devait être abandonnée et aucune terre ni bien ne seront confisqués par les Anglais à l'avenir par ce stratagème.

Également, il fut affirmé que les princes étaient libres d'adopter n'importe quel héritier et de gérer leurs Etats comme ils le souhaitaient à condition qu'ils restent fidèles au pouvoir britannique.[41] En d'autres termes, suite aux événements de 1857, les Anglais décidèrent de traiter les dirigeants autochtones de l'Inde en amis plutôt qu'en ennemis. La raison derrière cela était le désir de gagner leur soutien. Décrivant ce changement de politique britannique envers les princes, A.R. Desai a écrit :

« Jusqu'à 1857, le but des Anglais était de liquider les Etats indigènes et de convertir l'Inde entière en territoire britannique directement régi par la Compagnie des Indes orientales. À la lumière de l'expérience de la révolte de 1857, ce but a été abandonné en faveur de la ferme décision de s'en tenir aux Etats déjà annexés. La nouvelle politique de la Grande-Bretagne visait à transformer les dirigeants de ces Etats en 'alliés' très fidèles des dirigeants britanniques en Inde. »[42]

---

[40] 'Her Majesty's Proclamation (1858)', India Office Records, Africa, Pacific and Asia collections, British Library, London: L/P&S/6/463, folios 215-216.

[41] R. P. Dutt, *L'Inde : Aujourd'hui et Demain*, Editions Sociales, Paris, 1957, p. 122.

[42] A. R. Desai, *Social Background of Indian Nationalism,* Popular Book Depot, Bombay, 1959, p. 288.

Selon S. A. Wolpert, plus de 560 enclaves de loi princière et autocratique avaient survécu au lendemain de la grande révolte.[43] À cet égard, quelques historiens ont fourni des données contradictoires quant au nombre réel des Etats princiers ayant survécu après la révolte Indienne. Par exemple, alors que A. Read et D. Fisher déclaraient qu'il y avait environ 601 Etats, certains aussi grands que la France et d'autres ne représentant que quelques hectares,[44] L. James mentionna qu'il y en avait environ 675 pour une surface de 822.000 miles carrés.[45]

Pour conclure, la grande révolte qui secoua l'empire britannique en Inde avait poussé Londres à cesser sa politique colonialiste et avait coupé l'appétit boulimique de quelques gouverneurs généraux avides de conquêtes territoriales. Les Anglais étaient assez rusés pour se rappeler la leçon de 1857. Le meilleur exemple pouvant le confirmer fut leur refus d'intervenir en Afghanistan, pays voisin déchiré par la guerre en 1863.[46]

---

[43] S. A. Wolpert, 'British Imperial Power: 1858-1920', in the *New Encyclopaedia Britannica*, England, 1973, Vol. 9, (408-418) p. 413.
[44] A. Read and D. Fisher, op. cit., p. 59.
[45] L. James, op. cit., p. 362.
[46] N. Lowe, *Mastering Modern British History*, Macmillan, London, 1998, p. 152.

SECONDE PARTIE : ANALYSES

1857 fut un choc pour l'Angleterre. Elle n'avait rien vu venir. Le démenti de sa vocation civilisatrice était cinglant. L'empire avait vacillé. Les Indiens de leur côté devaient tirer les leçons de cette lutte à caractère national. Commentateurs, chercheurs, colonisateurs (administrateurs ou militaires, conservateurs ou libéraux), nationalistes (légalistes ou partisans d'une insurrection) se sont donc penchés sur la question. Laïli Dor a étudié les réactions colonialistes, notamment avec Malleson. Odile Boucher-Rivalain s'est interrogée sur la critique libérale. Michel Naumann fait revivre les approches des géants du marxisme. Le Pr Gautam Chakravarty, enfin, confronte divers courants (colonialistes, libéraux, nationalistes) et les dépasse dans le concept de « Small Wars » qui nous éclaire sur la nature des opérations militaires colonialistes par rapport aux guerres d'un autre genre.

Fabien Chartier

CHAPITRE III

'SEVEN TYPES OF AMBIGUITY' : L'EVOCATION DU CONFLIT PAR GB MALLESON DANS *THE INDIAN MUTINY OF 1857.*

Laïli Dor, université du Mans

> *« En écrivant cette brève histoire de la mutinerie indienne de 1857 j'ai voulu faire une compilation dont le but serait de raconter les causes et les conséquences d'un mouvement imprévu, inimaginable, soudain et fulgurant qui contraignit les Britanniques à faire appel à leurs dernières ressources d'énergie »* (p. v)

Ainsi s'ouvre *The Indian Mutiny of 1857*[47], l'histoire du conflit publiée en 1891 par G.B. Malleson. Ce dernier, alors colonel en retraite de l'armée des Indes, a déjà à l'époque deux ouvrages sur la Mutinerie à son actif : *The Mutiny of the Bengal Army : A Historical Narrative*, paru en juin 1857, soit à peine plus d'un mois après le début des événements, et *History of the Indian Mutiny*, en 6 volumes, paru entre 1878 et 1880.

[47] Col. George Bruce Malleson, *The Indian Mutiny of 1857*, London, Seeley and Co, 1891.

L'ouvrage avait en fait été commencé par Sir John Kaye, et Malleson n'a assuré la rédaction que du dernier volume.

The Indian Mutiny of 1857 est, dans la bibliographie de GB Malleson, un ouvrage un peu oublié. Certes, le livre n'a ni l'envergure monumentale de *History of the Indian Mutiny* ni l'actualité de *The Mutiny of the Bengal Army*, qui offre le compte-rendu à chaud des événements. Pourtant, en tant qu'objet d'étude, c'est peut-être le plus intéressant des trois. Plus synthétique que *History of the Indian Mutiny*, il offre pour le chercheur un outil de référence moins minutieux mais plus abordable. Comparé à *The Mutiny of the Bengal Army*, l'auteur bénéficie d'un recul non négligeable, puisqu'il connaît déjà l'issue du conflit.

Surtout, *The Indian Mutiny* constitue un excellent observatoire des problèmes qui se posent dans l'évocation du conflit, particulièrement pour les historiens qui, comme Malleson, étaient contemporains d'événements auxquels ils avaient même parfois pris part.

Même si le titre du livre est moins explicite que *History of the Indian Mutiny*, la première phrase, citée précédemment, présente clairement sa démarche comme une analyse historique (« *raconter les causes et les conséquences* »). Toutefois, le choix du verbe « narrate » (narrer) laisse présupposer une autre intention : le but de l'auteur n'est pas uniquement d'analyser les événements, mais aussi de les organiser en récit, bref de raconter une histoire.

Cette simple phrase est donc une incitation à voir l'analyse historique comme la trame principale de l'ouvrage, dans laquelle sont tissés différents fils allogènes, comme le témoignage personnel ou une narration proche de la fiction. C'est l'étude de ces discours croisés qui nous préoccupera ici.

I) UNE HISTOIRE DE LA MUTINERIE :

Le but de l'auteur est de fournir un compte-rendu aussi minutieux que possible des événements. Il commence son évocation bien en amont de la révolte elle-même, par une évocation de l'Inde au XVIIIe siècle, pour en arriver à la Mutinerie, dont il suit toutes les principales étapes : l'incident de Mangal Pande à Barrackpore en mars, la révolte de Meerut le

10 mai, la fuite des révoltés vers Delhi et la « restauration » de Bahadur Shah, le siège de Cawnpore suivi du massacre des survivants en juin, le siège de Lucknow et la mort de Sir Henry Lawrence. Viennent ensuite la reprise par les Anglais de Delhi, Cawnpore, et Lucknow, le livre se finissant sur la fuite et l'exécution de Tantya Topi et la pacification d'Oudh par Sir Hope Grant : « *La pacification de l'Oudh fut le dernier acte d'un drame sur lequel se leva le rideau en 1857. [...] Quand Sir Hope Grant balaya les dernières forces rebelles, en Mai 1859, alors et alors seulement, fut-il possible de dire que la mutinerie était définitivement vaincue* » (p. 401-402).

Malleson s'en tient assez largement à l'aspect militaire, et son évocation des événements est centrée sur le déroulement des opérations. Il ne respecte pas strictement l'ordre chronologique, mais tente de le combiner avec la présentation des faits ville par ville (« [...] *Le plan que j'ai choisi narre de façon aussi continue que possible les événements simultanés survenus en des lieux que leur rapprochement géographique rend interdépendants* [...] », p. 145). Ce choix donne, de fait, une impression d'actualité presque journalistique, même s'il rend parfois le récit difficile à suivre

Il élargit toutefois la perspective depuis l'armée à l'ensemble de la société lorsqu'il aborde les causes et les conséquences du conflit.

Les causes

Dans le domaine des causes, il incite à dépasser le problème des cartouches lubrifiées avec de la graisse de bœuf ou de porc. Il rappelle que seul un tout petit nombre de soldats a finalement été amené à manipuler ces cartouches et qu'il ne s'agit même pas des régiments qui se sont rebellés. Par ailleurs, les propriétaires terriens d'Oudh et des Provinces du Nord-Ouest, qui ont joué un rôle non négligeable, n'étaient en rien concernés par ce problème. Enfin, l'incident n'aurait jamais pu, à lui seul, provoquer un soulèvement d'une telle ampleur.

Bref, l'affaire des cartouches n'est que le détail qui a, littéralement, mis le feu aux poudres, et l'attention s'est, selon lui, focalisée sur cet événement à cause de sa portée symbolique, mais aussi par commodité, pour éviter d'avoir à s'interroger sur les raisons plus profondes.

Malleson en énumère un certain nombre : la défaite lors de la première guerre d'Afghanistan, qui a montré aux cipayes la faillibilité militaire des Anglais ; le General Service Enlistment Act de 1856, obligeant les soldats hindous à servir au-delà des frontières au péril de leur caste ; l'annexion du royaume d'Oudh ; ou encore la doctrine du « lapse » adoptée en 1848.

De manière générale, Malleson souligne la méconnaissance de l'Inde par les autorités britanniques qui se sont acharnées à imposer des réformes qui ne pouvaient que leur aliéner l'armée et la population. L'auteur n'est pas avare de critiques sur Lord Dalhousie, sous la vice-régence de qui la plupart de ces réformes ont été mises en place. C'est toutefois sur son successeur, Lord Canning, qu'il fait peser la responsabilité directe du conflit, ou plutôt sur le concours de circonstances qui voit Lord Canning arriver en février 1856, vice-roi nouvellement nommé et sans connaissance pratique de l'Inde. Pour Malleson, Canning, dépendant de l'avis de ses conseillers, s'est trouvé incapable aussi bien de prévenir le conflit que de l'enrayer.

La deuxième cause énoncée par Malleson est la stratégie de subversion menée par des potentats indiens comme le Nana Sahib ou le Maulavi de Faizabad, qui se sont acharnés à échauffer les esprits contre l'occupant anglais. Malleson se montre, malgré tout, étonnamment compréhensif et nuancé envers ces personnages, particulièrement pour un témoin oculaire du conflit. Il souligne, par exemple, comment les Anglais ont suscité la rancœur de ces conspirateurs en bafouant leurs prétentions légitimes. Ainsi, expliquant que le Nana Sahib s'était vu privé du titre et de la pension de son père, il ajoute : « *Il me semble que les politiques (au sens le plus élevé du terme) auraient dû avoir quelque considération envers un héritier qui fut le seigneur de l'Inde occidentale et dont nous avions pris les territoires.* » (p. 28).

Si Malleson se montre clairvoyant et circonspect dans l'analyse des causes de la révolte, son évocation des conséquences tourne au panégyrique de l'Angleterre.

Les conséquences

Il divise son analyse en deux parties : « *Les leçons de la mutinerie et ses avertissements.* » (p. 407).

La leçon principale qu'il tire de la mutinerie est la supériorité incontestable de l'Angleterre et de son système colonial : « *La conquête progressive de l'Inde effectuée par une Compagnie de marchands d'une petite île de l'Atlantique a toujours été regardée comme un des événements les plus extraordinaires de l'Histoire. [...] Mais, si grande et merveilleuse que fut cette réussite elle semble insignifiante si on la compare à la reconquête, accomplie avec peu de moyens, de ce magnifique empire en 1857-8* » (p. 407). Il y a une certaine absurdité à vanter l'héroïsme dans la reconquête d'un Empire qui, moyennant quelques précautions simples, n'aurait jamais dû être mis en danger, ainsi que Malleson le montre d'ailleurs lui-même lorsqu'il aborde les causes du conflit.

Par ailleurs, il attribue la victoire exclusivement aux valeurs morales britanniques : « *Le secret du succès britannique dans ce surprenant conflit, venu de la mutinerie de Mirah et des événements inattendus de Delhi, réside dans le fait que même aux heures les plus sombres nous n'avons jamais désespéré.* » (p. 408). Ni les qualités stratégiques de généraux comme Henry Havelock, ni le soutien déterminant d'une partie de l'armée, restée fidèle aux Anglais, ne sont évoqués. Malleson, après avoir démontré dans l'analyse des causes une solide connaissance du contexte, s'en tient ici à des considérations abstraites : « *Notre race a été pourvue par la Providence de qualités viriles d'endurance et d'une volonté qui ne faiblit jamais.* » (p. 410).

Lui qui s'était montré, dans l'introduction comme dans le corps de l'ouvrage, critique jusqu'à l'amertume devant l'attitude des autorités civiles et militaires britanniques, semble soudain réconcilié avec l'attitude de ses compatriotes : « *Il y eut des erreurs notamment au début de la rébellion. Des injustices furent commises, surtout par ceux qui firent ces erreurs. Mais en gros, il n'y eut aucun moment de notre histoire dans lequel les hommes et les femmes de cette île se montrèrent autant à leur avantage qu'au cours des événements de 1857-9.* » (p. 411). Il contourne d'une pirouette élégante les excès dans la répression du conflit, ayant pris soin auparavant d'affirmer que le fait d'attacher les condamnés à la bouche d'un canon ne constituait en rien un châtiment inhumain.

Pour Malleson, la Mutinerie est largement due à la tentative d'imposer aux Indiens des idées occidentales qui leur sont étrangères. La leçon qu'il en tire pour l'avenir est la suivante[48] :

> *Plus de trente années se sont écoulées depuis l'écrasement de la mutinerie et pourtant nous voyons persister une volonté d'imposer des idées occidentales aux Orientaux. La revendication du Congrès d'introduire en Inde des institutions représentatives vient des races non martiales mais très bruyantes qui entendent profiter de la corruption que ces institutions vont engendrer. Aux yeux des races viriles, des 40 millions de musulmans, des Sikhs du Panjab, des tribus guerrières de la frontière, des Rohilas du Rohilkand, des Rajputs et des Jats du Rajputana et de l'Inde centrale un tel système est tout simplement odieux.* (p. 412).

Il y a donc eu, entre l'introduction de l'ouvrage et son épilogue, un très net glissement d'une logique analytique à une logique argumentative. Dans l'étude des causes, Malleson s'attache à discerner les composantes du conflit et leur enchaînement logique. Lorsqu'il aborde les conséquences, il prétend avant tout à démontrer la supériorité de l'Angleterre.

Quand et comment ce glissement se produit-il ? Ou, plus généralement, comment Malleson articule-t-il ses convictions personnelles avec sa volonté d'analyse ?

II) L'IRRUPTION DE LA SUBJECTIVITE DANS L'ANALYSE :

Un récit historique entièrement objectif est difficile à concevoir, et tel n'est, de toutes façons, pas le propos de

---

[48] Curieusement, il ne fait aucune mention de l'abolition de la Compagnie des Indes.

Malleson qui avoue explicitement puiser dans son expérience personnelle la matière de son analyse : « *Mes convictions en la matière me viennent d'un savoir personnel et de mes observations.* » (p. vi).

Certes, cela induit à priori un flottement générique dans la nature de son ouvrage : s'agit-il d'une histoire ou d'un témoignage personnel ? Si l'on s'en tient à un strict problème de focalisation (le rapport entre vision d'ensemble et vision individuelle) l'ambiguïté est remarquablement bien gérée. La présence de l'auteur dans le texte, à la fois comme narrateur et comme personnage du récit, est nettement perceptible, à travers l'irruption régulière de la première personne « I », mais reste discrète, et surtout subordonnée à la vision d'ensemble. Malleson ne cite son expérience que lorsqu'elle présente une pertinence particulière ou qu'il décrit des événements auxquels il a pris part, et dont il peut dès lors difficilement s'exclure.

Son expérience personnelle ne constitue pas l'unique source d'information dans la mesure où elle est étayée par d'autres témoignages et un travail de recherche qui s'est poursuivi après la fin de la Mutinerie : « *Une fois la mutinerie matée, je repris mes recherches sur l'origine de ce sentiment et grâce aux confidences d'amis indigènes je suis arrivé à une conclusion définitive.* » (p. viii).

Il peut être utile de prendre comme point de comparaison un autre récit de témoin oculaire, comme *Oude in 1857 – Some memories of the Indian Mutiny*, du Col. John Bonham[49]. La différence de parti pris est évidente. L'auteur présente les événements, mais ne fournit pas d'analyse de la révolte dans son ensemble. Il s'en tient à un domaine géographique et temporel strictement déterminé et se limite à son expérience personnelle, ce qui l'amène à passer sous silence un événement crucial comme la mort d'Henry Lawrence dont il n'a pas été témoin puisqu'il se trouvait cantonné à Secrora et non à Lucknow même. Par comparaison Malleson, qui confronte son opinion à d'autres témoignages et présente du conflit une vision excédant la stricte sphère de son expérience, effectue donc bien un travail d'historien.

---

[49] Col. John Bonham, *Oude in 1857 – Some memories of the Indian Mutiny*, London, Williams & Norgate, 1928.

Là où la subjectivité pose problème, ce n'est pas tant dans le regard que dans le discours. Le livre exige, à ce titre, une lecture d'autant plus minutieuse que cette superposition de l'idéologie sur les faits est plus discrète. Contrairement à d'autres témoins oculaires, Malleson évite la double tentation de l'horreur et du pathos. Dans *A Soldier's Experience*, T. Gowing s'attarde sur une scène de massacre à Delhi avec un goût certain du sensationnel : « *Des malheureuses furent pourchassées par ces démons, découvertes, arrachées à leurs cachettes et mises à la torture. [...] Après avoir été soumises à un traitement plus terrible que la mort ces pauvres créatures furent attachées nues aux arbres, jeunes ou vieilles, leurs enfants torturés devant elles, dépecés lentement et leur chair enfoncée dans la gorge de leurs parents.*[50]" On ne trouve, chez Malleson, aucune scène de ce type. Là encore sa démarche met à distance l'émotion immédiate et cherche à comprendre les faits dans leur ensemble plutôt qu'à impressionner le lecteur.

S'il ne diabolise pas à outrance les Indiens, il n'en est pas moins évident qu'il prend parti dans le conflit et qu'il s'exprime en tant que sujet britannique dont la voix se fait l'écho exact du discours colonial de son époque. Celui-ci explose au grand jour dans la conclusion, mais se marque aussi, en touches plus discrètes, dans le corps de l'ouvrage. Ainsi, même si Malleson reconnaît les erreurs et maladresses ponctuelles des Anglais, il ne remet pas en question la légitimité de leur autorité. Cette légitimité s'appuie entre autres sur une excellence raciale qui explique, aux yeux de Malleson, que les Indiens, malgré leur supériorité numérique, n'ont aucune chance de l'emporter. Lorsqu'il évoque la manière dont les assiégés de Lucknow ont repoussé le premier assaut mené contre eux, il ajoute le commentaire suivant : « *De cette attaque générale nous pouvons dire que ce fut le triomphe du calme et de l'audace britannique sur les multitudes asiatiques ; une victoire de l'esprit sur la matière.* » (p. 207).

A cette subjectivité "nationale" s'ajoute une subjectivité individuelle. Malleson possède une théorie personnelle sur l'origine de la Mutinerie. Selon lui, si le mouvement a pris une

---

[50] Timothy Gowing, *A Soldier's Experience of A Voice from the Ranks*, Nottingham, Thos Forman and Sons, 1905.

telle ampleur, c'est que les esprits étaient échauffés par des conspirateurs indiens : « *Mes observations m'ont conduit à la conclusion qu'ils [les sepoys] étaient mystérieusement manipulés.* » (introduction p. vi). Il entend démontrer cette théorie, avec d'autant plus de vigueur qu'elle lui a valu l'incompréhension et même les quolibets de ses supérieurs. Sa recherche est donc motivée en bonne partie, non par une curiosité désintéressée pour les événements, mais par la volonté de prouver la justesse de son hypothèse, ainsi qu'il l'avoue lui-même dans l'introduction : « *Je fis part à mes supérieurs de l'excitation [des sepoys] et l'on se moqua de mes inquiétudes. Mais motivé par mes prévisions que l'annexion de l'Oudh soulèverait l'indignation et la colère des sipahis, je continuais mes recherches [...]. Je gardais des notes sur la question, observais la situation, discutais avec les autres officiers sans jamais trouver qui que ce soit qui partage mes vues.* » (p. vi-vii).

Il est difficile d'imaginer, après une telle assertion, qu'il n'y aura pas une once d'autojustification dans son récit. On note de surcroît une certaine tendance à jouer au prophète incompris plutôt qu'à creuser les raisons pour lesquelles cette opinion n'était pas partagée.

Sur sa théorie du complot, Malleson demande, après la fin du conflit, leur opinion à ceux qu'il présente comme : « *mes amis indigènes les plus qualifiés pour se faire une saine idée des causes de la mutinerie » (p. viii).* Ils confirment évidemment ses soupçons : *« [...] ils n'hésitèrent plus à déclarer que l'action du gouvernement contre l'Oudh avait compromis la loyauté des sipahis et préparé leur esprit en faveur des conspirateurs qui faisaient feu de tout bois. Ces conspirateurs, expliquèrent-ils, étaient les Maulavi de Faizabad, portes-paroles et agents du mécontentement des gens de l'Oudh ; Nana Sahib ; un des personnages importants de Lakhnao ; la Rani de Jhansi ; et Kunwar Singh"* (p. viii-ix).

Subjectivité nationale et subjectivité individuelle se rejoignent dans ce paragraphe. La théorie personnelle de Malleson est que la Mutinerie n'est pas tant le résultat de l'incompétence britannique que d'un complot ourdi par les Indiens. Il disculpe donc implicitement ses compatriotes, la responsabilité ultime des événements revenant aux conspirateurs. Par ailleurs, il nie ainsi toute dimension nationaliste au mouvement : les cipayes ne se sont pas rebellés contre une force d'oppression, ils ont été manipulés par un petit groupe d'individus qui n'agissaient pas au nom d'une cause nationale mais de leurs intérêts personnels.

L'ouvrage de Malleson est donc génériquement ambigu, entre histoire de la mutinerie, témoignage personnel et plaidoyer pour la cause britannique. S'y ajoute une quatrième dimension, qui est celle de la narration suivant des techniques proches de la fiction, qui fait de la révolte une histoire à raconter.

III) DE l'HISTOIRE A L'HISTOIRE : AUX FRONTIERES DE LA FICTION

Contrairement à T. Gowing, Malleson ne cherche pas à impressionner son lecteur par des sensations fortes, mais il a à cœur de ménager l'intérêt en intercalant, dans l'énumération d'événements qui pourraient être fastidieux, des passages qui relèvent pratiquement de la littérature. Un exemple est le passage où il relate le tout premier incident de la Mutinerie, avant même la rébellion des troupes à Meeruth.

> *Le 29 mars, un dimanche, le Lieutenant Baugh fut informé par un Adjudant du 34e N.I. que plusieurs hommes du régiment étaient en émoi ; que l'un d'eux, Manghal Pandi, faisait les cent pas devant son régiment, un mousquet chargé à la main, qu'il appelait au soulèvement et menaçait de tuer le premier Européen qu'il verrait. Baugh prit tout de suite son épée et des pistolets chargés, enfourcha sa monture et arriva au galop sur les lieux. Manghal Pandi entendit arriver le cheval, il se plaça devant la caserne, mit Baugh en joue et tira. Il le manqua mais la balle frappa le cheval et le cavalier et sa monture mordirent la poussière. Baugh se dégagea, prit un pistolet, avança sur les mutins et fit feu. Il manqua sa cible. Avant qu'il tire son épée, Manghal Pandi, avec un talwar, fut sur lui. Il l'aurait probablement tué sans*

l'intervention d'un soldat musulman du nom de Shaik Paltu. (p. 53).

Malleson choisit de consacrer un paragraphe entier à un événement qui n'a duré que quelques minutes, mettant ainsi l'épisode en relief dans un ouvrage où une seule page suffit en général à couvrir l'action de plusieurs jours.

La description peut être analysée en termes cinématographiques. Il y a, tout d'abord, un effet de zoom qui concentre le regard sur trois personnages, alors que l'auteur évoque ailleurs de vastes mouvements de troupes. Chacun de ces personnages est figé dans un rôle bien distinct qui en fait un type plus qu'un individu : Manghal Pandi est le cipaye félon, le lieutenant Baugh le soldat anglais héroïque et Shaikh Paltu le soldat indien resté loyal aux Anglais. L'incident prend dès lors une certaine valeur métonymique : les forces en présence du futur conflit sont déjà réunies, et le schéma de leur confrontation est à peu près le même, avec la victoire ultime de l'officier anglais, pourtant inférieur au départ, grâce au soutien du soldat resté loyal.

Le deuxième effet est celui de ralenti. Non seulement l'auteur choisit de s'attarder sur un épisode de quelques minutes, mais à l'intérieur même de cette unité extrêmement brève, il décompose l'action des deux combattants en chacun de leurs moindres mouvements. Cela crée un suspense pour le lecteur qui se demande qui des deux va l'emporter jusqu'à l'ultime sauvetage final. Il est intéressant de noter que le soldat indien est présenté comme plus fort que l'officier anglais, lequel ne doit finalement la vie qu'à l'intervention d'un autre Indien qui choisit la cause de l'autorité contre celle de son compatriote.

D'un point de vue littéraire, l'effet est tout à fait réussi. D'un point de vue historique, le lecteur ne peut que s'interroger : pourquoi avoir consacré un passage aussi long et un tel luxe d'effets stylistiques à un événement apparemment mineur ? L'incident se situe avant le début proprement dit de la Mutinerie, le 10 mai à Meeruth. Il ne s'agit pas d'une révolte organisée, mais du geste inconsidéré d'un individu, apparemment sous l'emprise de la drogue. La crise est, enfin, restée très circonscrite : le soldat rebelle a été rapidement maîtrisé, jugé et condamné, et, si l'on excepte les blessures infligées à deux officiers anglais et la perte du cheval de Baugh, l'armée anglaise s'en est tirée sans dommage.

Pourtant les historiens ultérieurs semblent confirmer l'intérêt de Malleson. L'épisode est mentionné, au moins brièvement, dans toutes les analyses du conflit, et Christopher Hibbert[51] lui consacre un développement qui n'a rien à envier, en longueur et en pittoresque, à celui de son prédécesseur. La raison vient sans doute de la portée symbolique de l'événement, qui constitue le premier acte de rébellion ouverte dans la Mutinerie de 1857-58, cependant que l'attitude passive des cipayes offrait un avertissement sur leur désaffection vis-à-vis de leurs officiers britanniques. Le présenter de manière descriptive, comme le fait Malleson, comporte un intérêt idéologique : il est plus facile d'attirer la sympathie ou l'antipathie du lecteur sur des individus que sur des groupes.

Le temps manque hélas ici pour analyser les autres épisodes auxquels Malleson a consacré des développements similaires (notamment la fuite d'un bateau pendant les massacres de Cawnpore). On peut constater, de manière générale, l'aptitude de l'auteur à intégrer la logique narrative au récit historique, à la fois comme pause dans le récit et comme instrument de manipulation des sympathies du lecteur.

Une question reste toutefois irrésolue. Si Malleson a périodiquement recours à cette technique dans la première partie de son ouvrage, elle disparaît complètement après l'évocation du massacre de Cawnpore. On peut s'interroger sur le fait que Malleson, qui a analysé au mouvement près la rébellion de Mangal Pandey, consacre à peine deux lignes à la libération des assiégés de Lucknow.

Si l'on revient à la première phrase de l'introduction, Malleson remplit le contrat qu'il s'est fixé. En 400 pages, il réussit à donner une idée à peu près complète des événements. Même si l'ouvrage est très orienté vers le récit des opérations

---

[51] Christopher Hibbert, *The Great Mutiny – India 1857*, London, Penguin, 1978, pp. 68-70.

militaires, l'auteur prend quand même le temps de l'analyse et d'une vision globale, incluant non seulement l'armée, mais aussi la société indienne. Certes, et Malleson ne s'en cache pas, le récit est subjectif, ce qui ne va pas sans quelques accès de chauvinisme et un point de vue généralement orienté en faveur des Anglais, mais offre aussi l'intérêt d'un aperçu de première main sur la révolte.

Par la diversité des stratégies narratives en œuvre *The Indian Mutiny of 1857* s'inscrit dans le processus d'évolution « *de la chronique à l'Histoire* », pour reprendre l'expression de Gautam Chakravarty[52] : un travail de recherche se met en place, dans lequel les notes et souvenirs personnels sont confrontés à d'autres témoignages, cependant que le déroulement purement chronologique des événements cède la place à l'analyse.

L'ouvrage présente surtout l'intérêt de montrer les problèmes auxquels sont confrontés les historiens dans l'évocation de la Mutinerie et qui ont, semble-t-il, remarquablement peu changé au cours du temps, si l'on compare la première phrase de *The Indian Mutiny of 1857* avec celle de *The Great Mutiny – India 1857*[53], l'ouvrage de Christopher Hibbert paru en 1978 :

> *Il s'agit d'une histoire narrative du soulèvement indien de 1857 qui comprend tous les matériaux jusqu'alors non publiés que j'ai pu trouver. Pour retracer en un livre des événements couverts par Kayes et Malleson en 3750 pages, certains faits on été traités rapidement afin que d'autres puissent être évoqués de façon plus vivante avec force détails visuels et auditifs inséparables de l'épisode le plus tragique de l'histoire indienne au XIXe siècle. Pour cette même raison peu de temps est réservé aux analyses stratégiques militaires ou politiques ou au débat sur la place de la mutinerie comme étape au début de la lutte pour l'indépendance de l'Inde.* (p. 11).

[52] Gautam Chakravarty, *The Indian Mutiny and the British Imagination*, Cambridge University Press, 2005, p. 19.
[53] Christopher Hibbert, *The Great Mutiny – India 1857*, London, Penguin, 1978

Ch. Hibbert est né en 1924. Il n'a donc non seulement aucune expérience personnelle de la Mutinerie, mais aussi très peu de chances d'avoir pu interroger des témoins oculaires, inconvénient compensé par l'accès à davantage de travaux critiques. Pourtant visiblement, les problèmes restent les mêmes : comment faire bref, tout en donnant une vision complète des événements ? Comment combiner narration et analyse, rigueur et pittoresque ? Les positions idéologiques aussi, à l'évidence, ont peu évolué : la révolte reste, pour Christopher Hibbert, « *l'épisode le plus tragique de l'histoire indienne au XIXe siècle.* » Et il détourne les yeux de la portée nationaliste de la mutinerie avec autant de conviction que Malleson, qui ignorait pourtant tout, lui, de l'indépendance de l'Inde.

CHAPITRE IV

LES REACTIONS DE LA PRESSE LIBERALE AUX EVENEMENTS DE 1857 EN INDE : L'EXEMPLE DE LA *WESTMINSTER REVIEW*

Odile Boucher-Rivalain, Université de Cergy-Pontoise

Si l'année 1857 fut témoin d'événements qui marquèrent la politique coloniale de l'Angleterre en Inde, cette page d'histoire trouva un écho immédiat dans la presse à Londres. L'objet de cette étude sera l'analyse des réactions d'un journal progressiste, *The Westminster Review*, face à ces événements et aux questionnements qu'ils suscitèrent.

The Westminster Review fut créée en 1824 par Jeremy Bentham et ses disciples, James Mill en particulier, à une époque où le devant de la scène était occupé par *The Quarterly Review* , fondée en 1809, organe des idées conservatrices et *The Edinburgh Review*, fondée en 1802, organe du parti Whig. La *Westminster Review,* quant à elle, se voulait libre de tout parti politique, son objectif étant de remettre en question toutes les institutions, fussent-elles politiques, sociales ou religieuses, afin d'en évaluer l'utilité, le critère étant, selon la philosophie utilitariste de Bentham, celui du bonheur du plus grand nombre. Dans ses *Mémoires* Bentham définit comme suit la revue qu'il avait fondée : « *La première revue, organe du Parti Radical, fut aussi la première preuve écrite réelle qu'il existait un Parti Radical.* »[1] A l'époque qui nous intéresse, la *Westminster*

Review se trouvait aux mains de John Chapman qui en avait pris la direction en 1851 et qui remplit ses fonctions avec succès grâce à la collaboration de Marian Evans jusqu'en 1857. Durant ces années, la *Westminster Review* avait été l'organe des idées les plus progressistes de l'époque.[2]

I) REGARD SUR LE PASSE : LA PRESENCE DE L'ANGLETERRE EN INDE AVANT 1857

Si la situation de l'Inde ne suscita que peu d'intérêt de la part de la *Westminster Review* durant les vingt premières années de l'ère victorienne, les événements de 1857 donnèrent lieu à une série d'articles dans lesquels sont analysés les événements eux-mêmes, ce qui donna lieu à une interrogation sur les causes profondes de la situation et à une réflexion sur la présence coloniale de l'Angleterre en Inde et son contrôle de cette colonie.

Dans un article intitulé « Les Anglais en Inde » qui ne recense pas moins de quatorze ouvrages sur les événements de 1857, Lewis Pelly insiste sur leur caractère prévisible et sur l'aveuglement de l'Angleterre dans le passé quant aux conséquences possibles de sa politique coloniale. Ainsi l'opposition entre les illusions dont s'est bercée l'Angleterre durant des années et la réalité de la situation en Inde est exprimée dans une série d'oppositions binaires dans les termes utilisés par Pelly dans son analyse pour contraster assurance passée et désillusion présente :

> *La mutinerie est en réalité le dénouement que mérite cette merveilleuse histoire... Le théâtre de notre courage, de notre esprit d'entreprise, de notre sagacité est devenu la scène de notre honte et de notre humiliation. Les esclaves de notre pouvoir ont été les instruments de notre punition. Au moment où nous avions atteint le sommet de notre gloire... alors que notre gouvernement civil était consolidé et que nous déclarions parfait notre système militaire, alors que nous touchions à cette paix et à ce progrès social si longtemps cherchés et que nous avions commencé à travailler à l'amélioration morale et matérielle qui*

dissimulait tous nos péchés et justifiait notre domination, l'inexorable Némésis nous a frappés avec son cortège de sang, de tortures et de désordres.[3]

La politique expansionniste de l'Angleterre à des fins commerciales tout d'abord, puis à des fins politiques, donne lieu dans cet article à un bilan contrasté. Ce bilan part du constat qu'il fallut attendre la promulgation de l'Acte de 1813 pour que l'Angleterre modifie son regard sur l'Inde. A partir de 1813, l'East India Company n'est plus exclusivement motivée par les enjeux commerciaux de la présence anglaise en Inde, mais elle reconnaît son devoir d'amélioration des conditions de vie des habitants des Etats dans lesquels elle s'est implantée : l'Inde devient un véritable enjeu, non plus seulement commercial, mais celui de l'influence de l'Angleterre au plan moral et culturel :

> *Le changement prenait les couleurs d'un progrès voulu. ... La moralité publique s'améliorait de façon tangible et un certain sens de notre devoir envers les indigènes s'imposait au gouvernement. L'Inde pour la première fois avait de l'importance aux yeux du peuple anglais.*[4]

Cette évolution dans la direction prise par la politique de l'Angleterre au début du 19e siècle est jugée par Pelly comme l'aboutissement du regard éclairé que porta l'Angleterre sur l'Inde. Dans le bilan des apports positifs, Pelly insiste sur le respect des droits accordés par l'Angleterre contrairement à la tyrannie exercée par les anciens empereurs mogols :

> *Nous n'avons guère fait que remplacer les princes indigènes, substituant une loi douce, équitable et bienfaitrice au joug cruel des Moguls et des Maharattes.... Les princes que nous avons supplantés ne venaient pas d'anciennes dynasties consacrées par le temps ou fondées sur la volonté des peuples mais d'usurpateurs et de parasites qui n'avaient pas plus de droit que nous à la souveraineté.*[5]

Cette sécurité primordiale apportée par la colonisation anglaise implique pour l'Angleterre l'obligation morale et politique de continuer à assurer la responsabilité de gouverner. Selon Pelly, l'idée même d'une restitution des anciennes principautés qui ont été annexées pour être placées sous le gouvernement de l'East India Company est le fruit d'une vision certes généreuse mais peu soutenable puisque la conséquence en serait le retour aux rivalités et à l'insécurité pour les populations :

> *A quels princes remettre notre souveraineté ? Aux Moguls qui faisaient du pillage leur loi et leur méthode de gouvernement ou aux Maharattes qui se vengeaient sans s'en remettre aux lois ? Pour la première fois l'Hindou se trouve sous un pouvoir qui protège sa vie et ses biens, qui lui apporte parfois de mauvaises lois mais au moins une administration juste, qui lui permet de pratiquer sa religion et n'exige pas qu'il vive dans la forêt ou dans les marais s'il veut sécurité et protection. Celui qui nierait qu'il s'agit là d'avantages réels chercherait plutôt le vide d'une philosophie sans âme que le bien pratique de la créature humaine.*[6]

Au plan du développement économique du pays, s'il faut déplorer le retard pris dans le développement des infrastructures, à partir de 1854, à l'initiative de Dalhousie, de grands chantiers sont ouverts : irrigation, canaux et voies ferrées :

> *En 1854, sous le règne de Lord Dalhousie, fut entreprise l'organisation systématique d'un service de travaux publics et en peu de temps 2 à 2,5 millions de Livres furent dépensées annuellement en travaux publics dont une importante proportion pour les routes, les ponts et des ouvrages d'irrigation.*[7]

Dans son article intitulé "The government of India : its liabilities and resources" de juillet 1859, John Chapman fit remarquer que l'organisation de ces chantiers manquait de rationalité et d'efficacité. Ainsi, dans le cas de la construction de voies ferrées, les autorités britanniques s'étaient déchargées de leurs responsabilités sur des compagnies privées, se privant ainsi des bénéfices qui ne manqueraient pas d'être réalisés. Si tel était l'apport de la présence britannique en Inde, saluée, comme nous venons de le voir, en des termes très élogieux dans les deux articles que nous avons cités, à quelles causes fallait-il attribuer la révolte de 1857 ? La mutinerie des cipayes, soutenue par une partie de la population de plusieurs provinces[8] (Pendjab, Provinces Unies, Bihar et Bengale occidentaux), était l'expression de la frustration de la population locale, non pas tant à l'égard de la présence britannique en soi, mais due à un certain nombre de facteurs parmi lesquels il faut compter la question des annexions, la question de la propriété des terres et celle de l'organisation de l'armée.

1. La question des annexions :

Dans l'article intitulé « Notre rapport aux princes de l'Inde » paru dans la *Westminster Review* en avril 1858, Francis W. Newman reconnaissait que la politique coloniale de l'Angleterre en Inde reposait, outre des principes tout à fait louables, sur un sentiment de supériorité culturelle et morale qui avait entaché les rapports entre colonisateur et colonisé et qu'une telle attitude devait être corrigée :

> *Rien ne nous définit mieux que notre habitude de louer notre justice, notre modération, notre sagesse et de critiquer les indigènes de l'Inde... Assurément il vaut mieux écouter d'autres voix que notre propre vanité. Nous avons des vertus que n'ont pas les Indiens mais nous les leur vendons très cher. De même nous ne pouvons prétendre être supérieurs aux Indiens les plus dynamiques et subtils.* (9)

F.W. Newman compare l'empire romain dont le gouvernement despotique avait entraîné la chute au gouvernement de l'Inde sous le règne de l'empire britannique, les anciens administrateurs dans les territoires annexés ayant été démis de leurs fonctions pour être remplacés par des fonctionnaires britanniques : les Indiens ont donc été privés de tout pouvoir réel et relégués dans des positions subalternes.

> *Le principe de notre administration a été et reste, à part quelques exceptions négligeables, d'exclure les indigènes des postes de responsabilité. Cela, faisait remarquer Charles Napier, dégrade une nation. Les royaumes musulmans sous la loi des Mughols ne firent jamais rien de semblable. Des hindous y étaient souvent nommés au poste de Premier ministre et des personnes de tout rang se sont élevées aux postes les plus importants. Il n'y eut nulle part de lois comparables aux lois anglaises sauf dans l'Empire romain... les formes de notre domination sont largement plus nocives pour nos sujets que pour ceux des Romains.* (10)

Sur cette question des annexions de plusieurs principautés et de la mise en place d'un gouvernement excluant les anciens administrateurs, la position honnête et courageuse de la *Westminster Review* suite aux événements de 1857 est à souligner car elle allait à contre-courant de l'opinion publique :

> *Alors que le public anglais était très hostile aux rebelles ... nous avons posé la question que nous reprenons maintenant : plutôt que d'être surpris par la révolte, ne faudrait-il pas être surpris si elle n'avait pas eu lieu. Nous accusons donc la politique d'annexions poursuivie sans relâche par Lord Dalhousie et à laquelle doit être attribuée la haine manifestée par les peuples et les princes indiens à l'égard de la loi anglaise.* (11)

Le but de la *Westminster Review* était de faire reconnaître les motifs spécieux qui avaient présidé à plusieurs annexions. Paru dans la *Westminster Review* en avril 1858, l'article rappelait qu'en 1848 le gouverneur général Lord Dalhousie avait d'office promulgué un décret selon lequel les territoires des princes qui mouraient sans héritier direct reviendraient de droit à la couronne britannique. Cette mesure constituait un moyen d'étendre les possessions britanniques en

Inde et de gouverner sans que de petits Etats indépendants ne s'interposent et gênent l'expansion politique et économique. Or, ce décret s'opposait à la tradition hindoue selon laquelle un homme qui n'avait pas de fils avait recours à l'adoption pour s'assurer un héritier, cette adoption pouvant se faire à titre posthume. C'est cette doctrine dite du « *lapse* », adoptée par Dalhousie, niant le traité de 1819 selon lequel les fils adoptés avaient le statut légal d'héritier, qui servit de base pour l'annexion de plusieurs principautés : Sattara, le Pendjab, Punjaub, Nagpore, Oude, Jahnsee et Tanjor. Le cas de l'Etat de l'Oude ne relevait pas de ce principe du « *lapse* » mais il était en proie à une situation anarchique à laquelle il était temps de mettre fin. Si le traité de 1837 avait été respecté le gouvernement serait intervenu pour assurer l'administration interne de cet Etat. Lord Dalhousie saisit l'occasion pour l'annexer à l'empire britannique. Selon le témoignage du Colonel Sleeman, dans une lettre publiée après sa mort en 1854, Lord Dalhousie agit de manière peu scrupuleuse dans le seul souci de conduire une politique expansionniste avec tous les risques de rébellion qu'une telle décision pouvait entraîner :

> *Fallait-il profiter de l'occasion d'annexer ou confisquer en partie ou en totalité Oude au prix de l'affaiblissement de notre prestige qui est en lui-même plus important qu'une douzaine d'Oude. Nous n'avons aucun droit d'annexer Oude mais le traité de 1837 nous donne le droit de l'administrer plutôt que de nous approprier ses revenus. Le prendre était malhonnête et contraire à l'honneur...*[12]

2. *La question de la propriété des terres* :

Le mode de gestion des terres souleva un débat concernant les impôts dus par leurs occupants. La question fut posée au vu de la dette accumulée par l'East India Company : revenait-il au gouvernement britannique de payer cette dette publique ? Les théoriciens Herbert Specer et John Stuart Mill affirmaient la propriété de l'Etat : le gouvernement britannique était le seul propriétaire légal et ceux qui bénéficiaient de l'occupation des terres étaient redevables d'un impôt au

Gouvernement. Citons J.S. Mill : « *Aucun homme ne produisit la terre, elle revient, depuis l'origine, à toutes les espèces. La revendication du propriétaire foncier dépend de la politique fiscale.* »[13] Ce principe impliquait que le propriétaire qu'était l'Etat avait des droits, celui de percevoir l'impôt, mais aussi des devoirs, l'aménagement du territoire, et notamment dans ce cas l'extension du système d'irrigation qui améliore la productivité des terres. Dans la réalité, certains privilégiés étaient injustement exemptés d'impôts, situation qui exigeait d'être redressée. John Chapman ne manqua pas de dénoncer l'injustice de cet état de fait :

> *Nous affirmons que c'est une injustice monstrueuse que les revenus fonciers de Bombay viennent des deux tiers des propriétaires alors que le dernier tiers, jouissant de tous les avantages conférés par un bon gouvernement, n'est assujetti à aucune obligation.*[14]

3. *L'organisation de l'armée* :

Composée minoritairement de Britanniques et majoritairement d'Indiens, l'armée avait souvent manifesté son mécontentement. Pour le gouvernement britannique, l'armée relevait d'un défi qui reposait sur la confiance accordée aux soldats indiens. En 1858, Lewis Pelly présentait la révolte de 1857 comme une trahison de cette confiance :

> *L'instrument essentiel de la conquête fut une armée composée d'indigènes. De tous les miracles que nous avons accomplis en Inde ce fut probablement le plus grand... Confier notre Empire à de tels gardiens fut l'expérience la plus audacieuse jamais tentée dans l'art de gouverner. Mais elle touche à sa fin et ne doit pas être prolongée.* (15)

Sir Charles Napier avait pressenti le risqué inhérent à une armée constituée presque exclusivement de cipayes. Sa proposition d'introduire des soldats d'une autre ethnie, les Gurkhas, ne fut jamais acceptée et Napier fut remplacé par Dalhousie avec les résultats que l'on sait.

II) LES CONSEQUENCES DE LA REBELLION DE 1857 : QUEL REGARD SUR L'AVENIR ?

Les conséquences de la révolte de 1857 furent de deux ordres : d'ordre politique, avec une nouvelle organisation de l'administration, et d'ordre politique et moral, avec une nouvelle vision du rôle à jouer par l'Angleterre.

1. Les conséquences politiques

La Charte de 1833 qui avait maintenu l'East India Company comme représentante du gouvernement britannique fut remplacée en août 1858 par le «Government of India Act » : la Compagnie était remplacée par un Secrétaire d'Etat pour l'Inde et la représentation de la Couronne sur place état assurée par le vice-roi qui remplaçait le gouverneur général. Cette réforme, jugée nécessaire, fut bien accueillie dans les pages de la *Westminster Review* : elle mettait fin à une ère de stagnation politique et économique. En janvier 1858, Lewis Pelly jugeait sévèrement les effets de la gestion de l'East India Company qui avait eu pour effet de renfermer l'Inde sur elle-même. L'ouverture devenait le maître-mot pour donner à l'Inde une dynamique nouvelle. Pelly y voyait la clé du rayonnement culturel de l'Angleterre ainsi que de son expansion économique :

> *Par notre pieux effort pour garder l'Inde aux Indiens nous l'avons remise à la Maison de l'Inde et séparé les Indiens des Anglais. Après un siècle de présence notre nation n'a laissé aucune trace sur les races de l'Inde. Nos arts, nos sciences, nos entreprises n'ont trouvé aucun débouché en Inde. C'est le résultat de la politique qui a toujours tenu l'Inde pour le domaine exclusif du Gouvernement de l'Inde et pense qu'un Anglais n'a rien à faire dans ce pays. Tenir à l'écart les étrangers ("interlopers") est en effet l'un des grands soucis de l'administration de l'Inde. Ces gens sont eux-mêmes des aventuriers et ils gardent leur domaine*

aussi jalousement qu'un gentilhomme campagnard garde ses domaines en Angleterre. Le défaut le plus grave du système actuel est qu'il ne reconnaît pas les intérêts du peuple anglais dans l'Empire des Indes. (16)

Selon Pelly, l'ouverture prônée ne devait pas conduire à l'abdication du pouvoir politique au profit des Indiens pour lesquels la tutelle britannique était une nécessité : « *En Inde la théorie du gouvernement est et doit être tout simplement le despotisme. Le seul choix se situe entre un despotisme brutal et un despotisme fondé sur la raison et la justice.* » (17)

2. *La responsabilité morale de l'Empire britannique*

Le sentiment de responsabilité morale qui incombe à l'Angleterre est encore plus fort après 1857. Pour les réformistes dont la *Westminster Review* est le porte-parole « *la continuation de la tutelle anglaise est un bienfait pour l'Inde elle-même.* » (18) : « *Notre devoir est d'apporter en Inde la civilisation européenne, de faire passer l'intelligence occidentale, de développer l'art, le savoir et les sciences.* » (19) Il s'agit là d'un discours ambivalent : la *Westminster Review* n'ignore ni les devoirs dus à l'Inde ni les intérêts qu'y trouve l'Angleterre du point de vue économique. C'est la question des réformes nécessaires au maintien de la présence britannique en Inde qui font l'objet des interrogations que l'on trouve dans les articles de Lewis Pelly et de Francis Newman après 1857 : « *Assurément nous désirons et espérons, en tant qu'Anglais, que notre présence ne se termine pas brutalement et il n'est pas trop tard pour réfléchir aux moyens d'éviter une telle fin.* » (20)

CONCLUSION :

Dix ans après avoir clairement exprimé son inquiétude quant au joug exercé par la présence anglaise, la *Westminster Review* jugeait que l'Inde n'était pas apte à assurer l'ordre dans le pays et la sécurité de sa population, pas plus que son développement économique et encore moins son autonomie politique. La vision traditionnellement progressiste et réformiste de cette revue achoppait sur la question de l'Inde. Le bel espoir de parvenir à apporter à ce pays les valeurs et la culture britanniques n'était pas mort mais il avait subi un revers dont il était difficile de se remettre. La certitude de la nécessité de maintenir la présence britannique en Inde avec un partage progressif des pouvoirs entre Anglais et Indiens restait plus forte que jamais après 1857 dans la perspective d'amener un jour le pays à son indépendance :

> *Il est pour nous évident que le gouvernement de l'Inde doit être orienté non vers les profits que les Anglais peuvent en tirer mais vers une politique d'association des peuples de ce vaste continent afin qu'un jour ils deviennent membres du Commonwealth des nations libres.* (21)

NOTES :

1. "Critical and miscellaneous notices" *WR*, vol.38 (July 1832), 539.
2. Voir "*The Westminster Review*: an introduction" in *The Wellesley Index to Victorian Periodicals, 1824-1900,* 5 vols. (Toronto: Toronto University Press, London: Routledge & Kegan Paul, 1966-1989), vol.3, 528-555.
3. Lewis Pelly, "The English in India." *WR,* vol.69 o.s., 13 n.s. (January, 1858), 180-209; 181.
4. Ibid., 191-2.
5. Ibid., 192.
6. Ibid., 200.
7. John Chapman, "The government of India: its liabilities and resources." *WR*, vol.72 o.s., 16 n.s. (July 1859), 112-164 ; 159.
8. Voir le chapitre "La révolte de 1857" in *De l'empire britannique au Commonwealth.* ed. Henri Grimal (Paris: Armand Colin, 1971, 2e ed. 1999), 122-127.
9. Francis W. Newman, "Our relation to the princes of India." *WR,* vol. 69 o.s. 13 n.s. (April, 1858); 453-477; 455.
10. Ibid., 456.
11. F.W. Newman, "Indian annexations: British treatment of native princes." *WR,* vol.79 o.s., 23 n.s. (January 1863), 115-157; 117.

12. *Sleeman's Journey through the kingdom of Oude*, cité par F.W. Newman, ibid., 143.
13. Cité dans l'article de J. Chapman, "The government of India: its liabilities and ressources." *WR,* 16 n.s. (July 1859), 136.
14. Ibid., 158.
15. Lewis Pelly, "The English in India." *WR*, vol.69 o.s., 13 n.s. (January, 1858), 204-5.
16. Ibid.
17. Ibid., 208.
18. H. Grimal, op. cit., 126.
19. Lewis Pelly, "The English in India." *WR*, vol.69 o.s., 13n.s. (January 1858), 205.
20. "The character of British rule in India." *WR,* vol.34, n.s. (July 1868), 35.
21. Ibid.

CHAPITRE V

REGARDS MARXISTES SUR 1857

Michel Naumann, Université de Cergy-Pontoise

Marx et Engels furent parmi les premiers commentateurs des événements de 1857. Ils s'inscrivaient déjà parmi les rares opposants à une démocratie élitiste et raciste, l'*Herrenvolk democracy*, qui s'imposait au monde et qui réduisait l'exercice des droits politiques fondamentaux aux peuples européens, particulièrement aux Aryens, voire aux seuls Anglo-Saxons et souvent aussi au gens fortunés et bien nés des pays colonisateurs.[54] Pouvait-il en être autrement lorsque les avancées de la démocratie en Occident se produisaient en même temps ou presque que les avancées des armées coloniales en Afrique et en Asie ? L'enracinement du marxisme et de l'anarchisme dans une lutte de classe prolétarienne qui transcendait les frontières les protégea des pires excès des idéologies liées à l'*Herrenvolk democracy* et donna aux analyses des penseurs du mouvement ouvrier de ne pas saisir 1857 comme une explosion de folie furieuse venue de la barbarie des peuples de l'Orient. Ils savaient que si barbarie il y avait elle venait des colonisateurs. Pourtant les conclusions de Marx, même si elles sont plus ouvertes que celles des

[54] Domenico Lasurda : *Le péché originel du XXe siècle*, Aden, Paris, 2007 (1998), p 20.

réformistes pour qui la colonisation était un bien, ne purent échapper entièrement à l'eurocentrisme de son temps et des sociétés qui l'avaient façonné. Marx se laissa aller à dire qu'il valait mieux pour l'Inde être occupée par l'Angleterre que par les Turcs ou les Perses ! Loin d'être un bien la colonisation n'en était pas moins pour lui un passage obligé : tragique, inhumaine, cruelle, elle seule pourtant, par l'industrialisation, donnerait à l'Inde une bourgeoisie nationaliste et surtout un prolétariat libérateur. Mais heureusement le marxisme ne peut être limité à ses fondateurs, Marx et Engels. Rosa Luxembourg, de façon indirecte, puis le plus grand marxiste indien, M.N. Roy, analyste très fin des réalités et de l'histoire de son pays, durent corriger ses vues.

Etudier 1857 ne peut se réduire pour un marxiste à un travail académique. Il s'agit plutôt de comprendre les processus de libération ouverts ou fermés par la première guerre d'indépendance indienne afin de saisir le sens de leur orientation, d'analyser leur nature et d'entrevoir leur potentiel. Basil Davidson classerait probablement ce mouvement comme secondaire parce qu'il a réuni des unités religieuses et régionales autrefois divisées et qui furent jadis les éléments séparés de résistances primaires. Cette classification dessine une évolution quantitative et qualitative vers des formes de lutte de plus en plus générales et modernes.

Un marxiste en outre ne peut être un penseur conceptuel, il se doit d'opérer à partir de processus cognitifs initiatiques. Marx disait, à l'intention des chercheurs conceptuels qui reprenaient de façon mécanique ses idées et ses méthodes : « *je ne suis sûr que d'une chose, c'est que je ne suis pas marxiste.* » Rosa Luxembourg a donné aux grandes grèves la fonction de révéler les aspirations et les moyens de libération que les chercheurs en bibliothèque, les prisonniers des murs de l'université et les bureaucrates des partis et syndicats ne peuvent deviner. A cet égard Marx vivait trop loin de l'Inde pour être plus qu'un initiateur des recherches marxistes sur cet immense sous-continent, mais sa contribution n'en est pas moins intéressante en tant que point de départ qu'il fallait à la fois reconnaître pour sa valeur et critiquer dans ses insuffisances.

I°) MARX, ENGELS ET ROSA LUXEMBOURG :

Marx intervint sur 1857 dans la presse nord-américaine.[55] Les dernières nouvelles d'Inde suscitèrent ses interventions au jour le jour et il ne produisit point un inventaire systématique des causes du mouvement, à savoir : famines dues à la taxation coloniale (Marx signale cette cause le 23 juillet 1858 dans le *New York Daily Tribune*) et aux fermiers généraux des Anglais, les zamindars, dépossession de nombreux paysans (Marx : *NYDT* du 7 juillet 1858), ruine brutale des artisans du textile sommés d'interrompre leur production au profit des usines du Lancashire, usure tolérée par l'administration coloniale, hausse des prix due à cette politique, inégal traitement des régions, pillage des ressources indiennes (Marx : *NYDT*, 9 février 1858), malaise suscité par la poussée missionnaire, mécontentement des castes touchées par les lois (pourtant timides et timidement appliquées) sur l'esclavage, saisie par la Compagnie des Indes des royaumes sans héritier mâle direct (Marx : *NYDT* du 14 août 1857), vide du trône à Delhi, retour à la campagne imposé aux dignitaires traditionnels qui perdaient leur fonction du fait de cette politique, avancement des soldats bloqué par la ségrégation raciale, retraites mal payées, salaires rattrapés par la vie chère, imposition de la traversée de l'océan pour aller conquérir la Birmanie (1824) vécue comme une pollution par les soldats brahmines, perte de prestige des Anglais après les victoires afghanes et bien sûr la question des nouvelles cartouches soupçonnées d'être imprégnées de graisse de porc et de vache.

La révolte est donc logiquement partie des éléments déclassés de la société coloniale et elle a trouvé une direction au sein des aristocrates victimisés par la Compagnie des Indes. Le mouvement est en outre favorablement reçu par les castes et groupes qui ont perdu leurs terres (les pauvres certes mais aussi des ruraux de hautes castes tels les Rajpouts par exemple, perdirent beaucoup au profit des Brahmines et des usuriers qui rachetaient des champs dont les propriétaires avaient été ruinés par les taxes foncières anglaises, souvent calculées par des

---

[55] Karl Marx, Fréderic Engels : *Ecrits sur le colonialisme,* Editions de Moscou, Moscou, 1980.

responsables coloniaux aussi avides que mal renseignés) et par les artisans confrontés aux produits industriels anglais, notamment ceux du textile mis au chômage par l'administration qui veut imposer les tissus de Manchester. Marx, faute d'informations puisées sur place, ne peut être très précis dans l'analyse des forces vives du mouvement. Mais il situe en tout cas clairement les responsabilités du côté anglais (*NYDT* du 17 septembre 1857) et suit l'avancée du mouvement, soutenu par la population, et qui rayonne dans le Nord de l'Inde. Il ne peut certes pas, puisqu'il travaille sur des informations filtrées qui réagissent au mouvement et ne le sentent pas dans sa logique interne, prendre en compte les hésitations des nobles qui furent souvent forcés de se déterminer par le mouvement populaire (Nana Sahib et la Rani de Jhansi attendirent longtemps avant de prendre la tête des armées indiennes). Il ne semble pas savoir que les soldats instaurèrent une démocratie directe dans leurs corps d'armée et restèrent présents dans les conseils de guerre.

Engels de son côté commente les opérations de reconquête anglaises, notamment la prise de Lucknow (*NYDT* du 25 mai 1858) où il signale l'inutilité des tranchées creusées par les cipayes, leur manque de discipline dû à une conscientisation encore insuffisante. Lukacs expliquera plus tard, au XXe siècle, qu'une conscience juste est un facteur plus décisif que l'organisation puisqu'elle dissout les armées de l'adversaire. Le 26 juin 1858 Engels explique, sans autre commentaire, qu'une prise de position différente des Sikhs, aurait tout changé et que cette communauté s'impliquerait dans un mouvement plus avancé qualitativement que l'avenir prépare. Marx (*NYDT* du 16 septembre 1857) et Engels (*NYDT* du 25 mai 1858) dénoncent de concert la terrible répression coloniale et se montrent capables de comprendre que les atrocités commises par un peuple désespéré- les Indiens - ne pèsent pas moralement d'un même poids que celles que suscite la peur des possédants et des conquérants étrangers. Les archives consultées par des Indiens cette année (2007) montrent souvent que les violences attribuées aux populations révoltées ne sont pas toujours avérées sauf par une presse coloniale partisane et des survivants qui moulèrent leurs témoignages dans la trame de ces récits douteux et changèrent de version à plusieurs reprises. Le massacre des femmes anglaises et de leurs enfants à Kanpur a probablement été accompli par des agitateurs au service des Anglais dans le but de motiver les troupes coloniales peu convaincues de la valeur de la cause qu'ils devaient défendre (notamment les soldats écossais et irlandais qui, pour des raisons nationales évidentes, ne vivaient pas le fait colonial comme les Anglais) et très démoralisées par une série de revers. En tout cas il semble presque certain que Nana Saheb, pourtant accusé par les rapports anglais, fut contre ces agissements.

A la fois les violences politiquement inutiles, le recours au vieil empereur et aux aristocrates déclassés, l'appui populaire assorti d'une conscientisation vague conduisent Marx (*NYDT* du 16 septembre 1857) à faire de 1857 une révolte comparable à celle de la Vendée contre la Grande révolution. Il s'agirait donc d'un mouvement proto-national à caractère féodal qui a tenté de faire tourner à l'envers la roue de l'histoire. L'équivalence avec la Vendée peut être éclairante pour comprendre les faiblesses qui furent fatales au mouvement, son conservatisme, son désir de retour en arrière vers l'âge d'or précolonial, son organisation insuffisante, son manque de clarté dans les buts, sa croyance qu'il suffit d'effacer les traces de présence anglaises, son recours aux motivations religieuses (l'étranger est un Chrétien hostile aux Hindous et Musulmans), son protonationalisme peu à même de rassembler tout le pays, ses limites régionales, l'éclatement de la direction... Mais elle donne aux Anglais le rôle progressiste qu'avait Paris durant la Révolution, ce qui n'est pas sans rencontrer des résistances au moins dans la sensibilité de nombreux Français. Pourtant la comparaison est moins absurde qu'il n'y paraît et elle sera reprise par Roy.

Marx suit les péripéties de la liquidation de la Compagnie des Indes (NYDT du 24 juillet 1858), discréditée par la révolte qu'elle a suscitée et qu'elle n'a pas vu venir, puis envisage l'avenir de la colonie après ces tragiques événements et à la lumière de la nouvelle situation créée par l'arrivée sur la scène de l'Etat anglais désormais seul maître à bord. Il revient alors largement sur des idées exprimées il y a cinq ans (NYDT du 8 août 1853) sur la fonction du colonialisme. Si inhumain qu'il soit dans ses méthodes et ses intentions sordides de prédateur des richesses indiennes, il créerait, selon Marx, les conditions du développement de l'Inde. Le télégraphe, la presse, l'armée, l'administration, l'école, les routes et les ports donneraient au pays une unité garantie par une élite occidentalisée et de culture scientifique. La machine à vapeur et le train briseraient l'inertie villageoise, le mode de production asiatique, par essence paralysant, tout en initiant la révolution industrielle. Ainsi serait régénérée l'Inde dont on peut se demander si Marx ne voit pas en elle une société où le dynamisme aryen serait captif du mode de production asiatique.

Rien de tel chez Rosa Luxembourg pour qui le colonialisme et l'impérialisme sont toujours prédateurs et destructeurs. Elle replace leur fonction dans un modèle de développement élargi du capitalisme.[56] La faible consommation des ouvriers exploités du centre et l'incapacité des bourgeois à acheter tous les surplus de leurs usines, notamment les produits de luxe et de prestige, empêchent une reproduction élargie du système aussi longtemps qu'on n'y introduit pas une périphérie pré-capitaliste qui absorbe ces produits et permet des bénéfices qui, réinvestis, travailleront à la croissance du mode de production capitaliste. Les colonies et néo-colonies ne sont donc mises à contribution que pour être pillées et servir la reproduction élargie au centre. La qualité du système productif périphérique n'a donc qu'une importance marginale, d'où l'abandon par la colonisation des barrages traditionnels, la destruction des textiles indiens, le recul de l'agriculture (et la progression des grandes famines), des lois strictes qui interdisent aux bourgeois indiens d'acheter les machines qui leur permettraient d'industrialiser leur pays... Le modèle de Rosa Luxembourg explique parfaitement pourquoi l'Inde, géant qui représentait 22 % de l'économie mondiale avant la colonisation, n'en représentait plus que 4 % en 1947 à l'Indépendance. Nous pouvons donc penser que l'évaluation des enjeux de 1857 par Rosa Luxembourg aurait pu être différente de celle de Marx, si elle s'était penchée sur la question, puisque pour elle l'impérialisme n'est pas intrinsèquement supérieur à une féodalité indépendante.

---

[56] Rosa Luxembourg : *The Historical Conditions of Accumulation*, Cornerstone, Kharagpur, 2005, pp 32-70.

Avec la naissance d'un mouvement ouvrier révolutionnaire dans les colonies entre les deux guerres mondiales, la question fut posée aux marxistes indiens.

II°) 1857 VU PAR M.N. ROY :

M.N. Roy, le premier et le plus talentueux des marxistes de la colonie, tira de ses analyses sur 1857 des conclusions décisives pour le mouvement national et révolutionnaire. Il sut d'une part défendre les Indiens en rappelant, dans sa *Lettre au Président Wilson,* que la mémoire anglaise des violences commises avait été très sélective[57], d'autre part juger 1857 de façon objective sans l'idéaliser.

Il releva, à la suite de Marx, le rôle des Princes à la direction du mouvement.[58] Il définit donc 1857 comme une révolution féodale[59] qui échoua parce qu'elle ne surmonta pas toutes les divisions inhérentes à une société féodale. La direction du mouvement resta vague et éclatée, elle ne put solliciter toutes les régions et toutes les classes objectivement intéressées. Le peuple répondit de façon plus que favorable à l'ouverture créée par la révolte des cipayes mais les princes impliqués ne pouvaient impulser un mouvement authentiquement anti-impérialiste et moderne.[60]

La nature du nationalisme de 1857 explique ainsi l'attitude des Sikhs. Ils avaient créé une entité étatique ni hindoue ni musulmane, dotée d'une forte identité, très cohérente, plus proche d'un nationalisme moderne que nombre d'Etats indiens de l'époque, qui ne fut annexée par les forces anglaises qu'en 1846. Les rythmes de développement des réactions à l'agression étrangère furent donc sensiblement différents dans cette partie de l'Inde. Rani Jindan, épouse de Runjit Singh, maître légitime du Panjab, imposa son fils en 1843. Des mouvements de mécontentement suscités par d'autres prétendants comme par des revendications salariales se développèrent dans l'armée où les unités de base étaient

---

[57] M.N. Roy : *Selected Works*, tome I, Oxford University Press, Calcutta, 1988, p 68.

[58] Id., p 143.

[59] Id., p 189.

[60] Id., p 309.

traditionnellement bien organisées et très démocratiques. La Rani crut surmonter l'épreuve en lançant l'armée contre la Compagnie des Indes, mais elle fut déçue car l'aventure se termina par l'annexion du Panjab, le traité de Lahore, son exil au Népal et la prise en charge par les Anglais de l'éducation de son fils. Dès 1848 les différences entre le nationalisme Sikh et le nationalisme indien apparurent. A la faveur d'un changement au sein du pouvoir colonial, Dalhousie remplaçant Harding, se manifesta un refus de payer l'impôt, impulsé par le gouverneur Moolraj de la province de Moolton, les garnisons de l'armée anglaise subirent diverses attaques, deux officiers furent tués et une mutinerie se développa dans les troupes coloniales. Une véritable guerre s'ensuivit et le Panjab dut être repris par les forces de Lord Gough à la fin de l'année. Le mouvement de 1857 avait donc eu lieu dix ans plus tôt chez les Sikhs et il y avait manifesté des caractéristiques propres. Le décalage des rythmes historiques et leur nature différente expliquent donc l'attentisme sikh en 1857 et la discipline des soldats de cette région peu enclins à renouveler l'expérience amère de 1848 et très probablement sceptiques vis-à-vis des alliances assez vagues passées entre les princes révoltés alors que le mouvement au Panjab en 1848 était assurément plus cohérent.[61]

Mais Roy relève une profonde ironie de l'histoire. L'issue de 1857-58 correspond à une révolution bourgeoise anti-féodale accomplie par substitution, l'Angleterre menant à bien la tâche de la bourgeoisie indienne. En effet, après la première guerre de libération, les princes et les aristocrates n'ont désormais plus aucun espace politique.[62] L'avenir est relativement dégagé pour la bourgeoisie. Il est encore plus clair du point de vue des tâches historiques nationales à accomplir. L'obstacle à la révolution industrielle n'est plus la féodalité, mais le pouvoir colonial. L'impérialisme a marginalisé de la scène politique une fraction importante des forces féodales qui auraient dû constituer ses alliés les plus fidèles. Une conclusion s'impose au communiste qu'est devenu Roy : le mouvement populaire doit forcer la bourgeoisie à profiter de l'occasion, il doit dénoncer ses timidités, la déborder, peser de tout son poids

[61] Id., p 305.
[62] Id., p 190.

dans une large alliance anti-impérialiste, balayer les reliques de la féodalité que sont les forces semi-féodales des usuriers et propriétaires fonciers qui font encore obstacle à la révolution bourgeoise démocratique. Mais les forces populaires, ouvriers et paysans, doivent aussi s'organiser sur leurs propres bases et développer leurs propres objectifs car, pour les révolutionnaires, si la haute féodalité n'a guère plus d'importance, la bourgeoisie se trouve avec un si beau jeu entre les mains et son chemin est si clairement tracé que l'impérialisme peut être tenté de lui céder plus tôt que s'il pouvait encore compter sur la grande aristocratie. Nul ne redoutait autant que Roy une réconciliation entre bourgeois indiens et forces impérialistes sur la base d'une indépendance conservatrice.

Il a aussi clairement montré que 1857 provoqua une profonde paranoïa colonialiste : port d'arme systématisé, définition précise des couteaux ou bâtons dont les Indiens pouvaient se servir, décisions politiques et administratives secrètement déterminées par une peur plus ou moins reconnue du soulèvement en masse des colonisés. La dureté de certaines répressions vint de cet état d'esprit.[63]

Les analyses de Roy sur 1857 eurent donc un rôle non négligeable dans ses prises de position. Il fut, à l'encontre du dogme du communisme international peu enclin à dévier tant soit peu de Lénine qui était favorable à un front anti-impérialiste large, le partisan d'une alliance non pas systématique mais conflictuelle entre la bourgeoisie indienne et les classes objectivement intéressées à un dépassement socialiste des buts de la révolution démocratique, une position si complexe que l'Internationale communiste l'accusera soit d'être un défaitiste qui annonce les indépendances conservatrices que personne d'autre que lui ne voit venir, soit un luxemburgiste qui refuse toute alliance avec la bourgeoisie.

Les analyses marxistes ne manquent donc ni de richesse ni de finesse. Elles ont su saisir les mouvements de 1857 dans leur complexité de chant du cygne de l'Inde d'hier qui ouvre une époque nouvelle. Elles ont certes négligé, comme nous l'avons signalé, le point de vue des castes favorisées ou

---

[63] Id., p 146.

victimisées par la colonisation, car l'attention portée aux classes par le marxisme efface en partie cette caractéristique si importante des formations sociales indiennes. A cet égard le mouvement dalit a opéré d'utiles rectifications. Il nous rappelle que la Grande Bretagne a tiré une conclusion stratégique majeure des conséquences des peurs suscitées par les missions chrétiennes chez les Indiens, elle décida dès le lendemain de 1857 de s'abstenir de toute ingérence dans les affaires religieuses. Autrement dit elle abandonna les Dalits au sort que leur réservaient les hautes castes. Par contre le renforcement de l'administration et surtout de la présence militaire dans de nombreuses villes a créé des emplois subalternes (domestiques, vidangeurs, jardiniers...) qui ont souvent été pour de nombreux Dalits le début d'un destin désormais urbain. Castes et classes indiennes ont été profondément affectées par les événements de 1857.

CHAPITRE VI

MUTINERIE, GUERRE OU PETITE GUERRE ?
(de l'utilité de revisiter un vieux débat)

Extrait de l'intervention de Gautam Chakravarty,

Université de Delhi

Donner un nom précis aux évènements de 1857-59 est un problème auquel les historiens se sont régulièrement trouvés confrontés. Le problème tient au fait qu'opter pour tel nom plutôt qu'un autre constitue d'ores et déjà une interprétation des événements. Or, en général, par le passé, ces interprétations participaient d'orientations politiques. Au début du XXe siècle, le débat a pris une tournure qui a finalement peu évolué jusqu'à nos jours : d'un côté, les nationalistes radicaux percevaient les événements de 1857-59 comme un état de « guerre » générale, de l'autre, les apologistes de l'empire préféraient évoquer l'existence de désordres à un niveau local – ce que le terme « mutinerie » suggérait d'ailleurs.

Pourtant, ce débat apporte moins d'éléments qu'il n'en dissimule. En effet, tout d'abord, les origines de la querelle sur l'emploi des termes « mutinerie » ou « guerre » est bien antérieure à la période où germent les points de vues nationalistes et impérialistes. Ces origines peuvent être aisément datées si l'on prend soin de se pencher sur le type de gouvernance coloniale alors mis en place. En m'appuyant sur plusieurs textes datant de 1857 à 1862, je compte démontrer que la rébellion a creusé certaines fissures, formées de longue date et inhérentes à la position des Britanniques quant à la nature et la fonction de l'autorité de l'*East India Company*. A quelques ramifications près, ces fissures n'ont fait que ressurgir à la naissance du débat « mutinerie » ou « guerre » qui eut cours au début du XXe siècle.

Par ailleurs, le débat a eu tendance à laisser de côté le point le plus incertain, à savoir les liens constitutionnels qui raccordaient les deux principaux protagonistes de la situation : l'empereur moghol et l'*East India Company*. En définitive, des termes tels que « mutinerie » ou « guerre » ne sont utiles que si le contexte auquel ils font référence est posé au préalable. Or, je souhaite prouver, une fois rappelé ce contexte, que ces termes peuvent acquérir des sens nouveaux, voire inattendus.

Enfin, le débat « mutinerie » ou « guerre » a eu pour effet de dissocier les événements de 1857-59 d'autres « petites guerres » du XIXe siècle. Qu'ils se soient déroulés en Chine, en Afghanistan, en Nouvelle-Zélande, en Jamaïque ou en Afrique du Nord, ces événements ont tous été des temps de résistance contre l'occupation coloniale. Ils avaient en commun plusieurs particularités tactiques et stratégiques. Or, il est probable que les théories sur les « petites guerres », sorties sous des formes variées au cours des dernières décennies, aient fourni les nouveaux outils nécessaires à l'examen de la rébellion.

I
Mutinerie ou Guerre

On a souvent l'impression que l'éternelle question – la rébellion de 1857 était-elle une mutinerie ou une guerre nationale d'indépendance ? – ne s'est posée qu'à partir du début du XXe siècle, lorsqu'une nouvelle génération de nationalistes radicaux s'est mise à contredire les postulats de l'historiographie coloniale et à présenter ses propres versions des faits. Un élément marquant vient, bien sûr, renforcer cette impression : la publication en 1909 de l'ouvrage polémique de Savarkar, *The Indian War of Independence*. En ce temps-là, l'Inde vivait au rythme du mouvement *swadeshi*, des répercussions du schisme du Congrès de Surat de 1907 et des actions que des groupes terroristes menaient en Inde et hors de l'Inde.[64] Comme pour encourager l'autoformation du nationalisme naissant, le livre de Savarkar soutenait résolument et pour la première fois que ce que les Britanniques avaient jusqu'alors décrit comme une simple mutinerie avait été, dans les faits, une guerre d'indépendance, en plusieurs points semblable à la guerre d'Indépendance américaine, et ce d'autant plus qu'elle avait été dirigée contre le même pouvoir absolu.

Bien évidemment, Savarkar n'était pas le premier auteur indien à examiner l'évènement dans sa globalité. Le livre de Sir Syed Ahmad Khan, *Asbab-e-Bagawat-e-Hind* (*Causes de la rébellion indienne*), celui de Dorabhoy Franjee, *The British Rule Contrasted with its Predecessors*, de même que *The Mutinies and the People* de Sambhu Chandra Mukherjee étaient tous trois sortis dans les deux ans ayant suivi les faits.[65] Toutefois, ces trois rapports furent fournis respectivement par un musulman moderniste servant dans l'armée britannique, un parsi de Bombay et un journaliste anglicisé venant de Calcutta. Tous partageaient l'opinion majoritaire parmi les Britanniques que la rébellion était une aberration, qu'en dépit de ses éventuelles portées politiques et de la ferveur populaire qu'elle renfermait, elle était fondamentalement rétrograde et incohérente. Ecrits au lendemain de la rébellion alors que la puissance britannique semblait invulnérable, ces textes avaient

---

[64] Vinayak Damodar Savarkar, *The Indian War of Independence in 1857* (Bombay: Phoenix, 1909).

[65] Syed Ahmad Khan, *Asbab-e-Bagawat-e-Hind* [Causes of the Indian Revolt] 1858 (Karachi: Oxford University Press, 2000); Dorabhoy Franjee's *The British Rule Contrasted with its Predecessors: An Inquiry into the Disastrous Results of the Rebellion in the North-West Provinces upon the Hopes of the People of India* (London: Smith, Elder, 1858); Sambhu Chandra Mookherjee, *The Mutinies and the People, or Statements of Native Fidelity Exhibited During the Outbreak of 1857-58*. (1859. Calcutta: Sanskrit Pustak Bhandar, 1969).

pour intention de créer une distance entre les individus que les auteurs prétendaient représenter et les rebelles, et de réaffirmer leur loyauté au gouvernement.

De pareilles angoisses relatives à la loyauté sont absentes du principal compte-rendu indien du XIXe siècle qui traite de la rébellion, *Sipahi Juddher Itihasa* (*L'Histoire de la Guerre des Cipayes*), rédigé par Rajanikanta Gupta entre 1870 et 1900, et publié en cinq volumes.[66] Basé sur le travail de John William Kaye, *History of the Sepoy War in India* (1864-76), l'ouvrage de Gupta avait pour ambition première de montrer d'une part à quel point, sur plusieurs questions prépondérantes liées aux événements, le point de vue indien différait de celui défendu par les historiens britanniques, et d'autre part qu'une telle différence d'interprétations constituait la preuve d'une divergence plus fondamentale sur des thèmes tels que le sentiment d'appartenance à un peuple ou la mémoire nationale. Tandis que le fait d'accepter qu'il existe des interprétations différentes constituait en lui-même un signe des temps – après tout, *Sipahi Juddher Itihasa* fut écrit dans les décennies qui virent la montée de l'*Indian National Congress*, puis sa lente mais irrévocable radicalisation dans les années 1890 –, l'histoire telle qu'elle fut interprétée par Gupta fit à peine vaciller l'acception vieille d'un demi siècle et que, plus tard, Savarkar démontera littéralement à partir de sa thèse sur la « guerre d'indépendance ».

Même si Savarkar s'appuyait fortement sur des sources britanniques, sa conclusion sur un état de guerre générale, soutenue par l'idée intuitive mais cohérente d'une nation et qui passait outre les critères de différences communautaires, a fourni aux extrémistes et aux terroristes révolutionnaires une amorce de généalogie radicale. Ces derniers pouvaient désormais se réclamer d'un mouvement de résistance violemment anti-colonial, authentiquement « nationaliste » et d'une génération leur aîné. En faisant de la mutinerie une guerre et des rebelles des héros « nationalistes », *The Indian War of*

66 *Sipahi Juddher Itihas* (1879-1900), 5 vols. (rpt. Calcutta : Nabapatra, 1981-3).

Independence préludait à une historiographie convaincante de la rébellion, contemporaine au mouvement *swadeshi* et qui nous en apprend sans doute autant sur les choix auxquels le nationalisme indien était confronté lors de la première décennie du XXe siècle que sur la rébellion elle-même.[67]

Mais si cette querelle sur l'histoire reflétait l'impossibilité croissante d'une réconciliation entre la nation et l'empire – impossibilité qu'Edward John Thompson déplorait dans *The Other Side of the Medal* (1925)[68] – autant qu'elle annonçait une phase nouvelle du nationalisme indien, il ne s'agissait assurément pas d'un phénomène unique dans les annales des rébellions.

Dans les faits, les discussions portant sur une dénomination adéquate de l'événement ont démarré presque instantanément en juin 1858, lorsque l'adjudant général de l'armée du Bengale, un certain Colonel George Bruce Malleson, a publié à Calcutta un bref mais retentissant pamphlet intitulé *The Mutiny of the Bengal Army*.[69] Son rapport détaillé sur les évènements qui se produisirent à Barrackpore, Danapur, Meerut, Delhi et Kânpur entre mars et juin 1857 souligne un point essentiel : ce qui avait commencé comme une « *mutinerie militaire... s'était vite transformé en insurrection nationale* ».[70] En s'attaquant aux racines du problème de manière pertinente, Malleson n'a pas rejeté la faute sur la superstition hindoue ou le fanatisme musulman – matières premières des comptes-rendus populaires britanniques ayant trait à la rébellion – mais sur les employés de l'*East India Company*, lesquels, en cherchant à préserver « *leur propre supériorité [...] qui a perduré une bonne centaine d'années [...] ne sont jamais parvenus à ramener à la cause du British rule le moindre échantillon de la*

---

[67] J'ai évoqué de façon plus détaillée ces comptes-rendus de Sir Syed Ahmad Khan et de Savarkar dans mon livre, *The Indian Mutiny in the British Imagination* (Cambridge : Cambridge University Press, 2005).
[68] Edward J. Thompson, *The Other Side of the Medal* (London: Hogarth Press, 1925).
[69] *The Mutiny in the Bengal Army: A Historical Narrative by one who has served under Sir Charles Napier* (Calcutta, n.p, 1857).
[70] *Ibid.*, Part II, p. 53.

population ». Néanmoins, plus encore que l'administration, « *le véritable instigateur de la mutinerie* » a été Lord Dalhousie, gouverneur général durant les années qui précédèrent la rébellion. En procédant à l'annexion inconsidérée de royaumes, à la reconquête de territoires dans les Provinces du Nord-Ouest, ainsi qu'à une série de réformes sociales fâcheuses, Dalhousie a regroupé toutes les conditions requises pour favoriser la naissance d'une organisation rebelle et importante, composée de soldats, paysans, propriétaires terriens et nobles.[71]

Nous reviendrons sur ce point plus tard, mais pour l'instant, contentons-nous de comparer le point de vue de Malleson avec celui d'un administrateur de bas échelon, Charles Raikes, qui était juge à la *Sadar Court* d'Agra en 1857, et fut le témoin des rébellions de Mathura et d'Agra. Dans ses *Notes on the Revolt in the Northwest Provinces of India* (1858), Raikes écrivait qu'il attribuait :

> *... les désordres actuels en Inde à une mutinerie dans l'armée du Bengale et uniquement à cette cause. Je veux dire que la cause réelle et immédiate de la révolution est là. Que dans de nombreuses régions du pays nous soyons passé de la mutinerie à la rébellion n'est que trop vrai mais je répète mon affirmation : nous sommes face à une révolte dont la cause est une mutinerie et non une mutinerie née d'un mécontentement national.*[72]

Il est difficile de ne pas remarquer le ton apologétique du rapport très partial de Raikes. « Révolution », « rébellion », « révolte », et « mécontentement national » y sont en définitive réduits à la simplicité relative d'une mutinerie. Néanmoins, ni Raikes ni Malleson ne sont des cas isolés. Dans les rapports et les débats suscités les deux premières années, les militaires ont cherché à se disculper en mentionnant un état général de

---

[71] *Ibid.*, Part II, p. 27, p. 28.

[72] Charles Raikes, *Notes on the Revolt in the Northwest Provinces of India* (London: Longman, 1858), p. 158.

mécontentement ayant poussé l'armée du Bengale à la mutinerie. Quant aux administrateurs, il leur était bien commode de prétendre que le désordre était né uniquement de l'indiscipline militaire. Une telle approche sémantique permettait d'atténuer, de manière habile, la force de l'événement. Toutefois, vers le milieu des années 1860, les choses se sont calmées concernant cette controverse, tant dans les cercles britanniques officiels que dans l'historiographie de référence. Naturellement, le nouveau consensus au sujet de la rébellion, vue comme une mutinerie, a été imaginé à partir des contrecoups de la rébellion. La Couronne remplaça la Compagnie en novembre 1858 et la rébellion s'est éteinte en fin d'année 1859. Sous la nouvelle ère pacificatrice du *Raj*, il n'eût pas été très habile d'insister sur le caractère « national » de la rébellion.

Néanmoins, le différend entre Malleson et Raikes ne portait pas exclusivement sur l'éternelle rivalité entre le bras militaire et le bras civil de l'administration indienne de la Compagnie – rivalité qui durant près d'un siècle se lisait dans la presse périodique, les rapports officiels, les mémoires et même à l'occasion dans des œuvres de fiction. La rivalité pouvait sans doute s'expliquer par le phénomène suivant : l'armée de la Compagnie, qui s'évertuait à conquérir de nouveaux territoires et à les conserver, entraînatait dans son sillage une équipe d'administrateurs. Ces derniers appliquaient en général les théories et les pratiques métropolitaines du gouvernement et régissaient les terres et les habitants en utilisant des méthodes que les vieux experts de l'Inde – que comprenait l'armée – jugeaient souvent fort imprudentes. Cependant, ce conflit sur la gestion du territoire cachait une question plus fondamentale et épineuse, à savoir : qu'est ce que « *la première centaine d'années de présence britannique en Inde* » avait produit ou démoli, et quelles en étaient les conséquences réelles ?[73] Malleson avait déjà soulevé cette question en écrivant sur *« un*

[73] Pour plus de précisions sur l'évaluation de la politique coloniale et son impact sur la société indienne entre 1757 et 1857, lire Eric Stokes, "The First Century of British Colonial Rule in India: Social Revolution or Social Stagnation," *Past and Present*, No. 58, pp. 136-160.

siècle d'échecs de l'administration », mais la même question réapparaissait, bien qu'ayant une tout autre inflexion, dans l'historiographie nationaliste de la rébellion.

Ce qu'il convient de faire remarquer c'est ce qu'ont en commun ces deux rapports rédigés, le premier par un officier colonial en 1858, le second par un terroriste révolutionnaire cinquante ans plus tard. Comme Malleson, Savarkar soutenait, en se basant sur l'existence d'une rébellion civile, que l'événement avait dépassé le stade de la mutinerie. Outre le fait que les vieilles maisons royales de Delhi, Awadh, Bithoor, et Jhansi menaient les opérations et qu'il existait des signes d'un complot prémédité, ceci a amené les deux auteurs quasiment aux mêmes conclusions terminologiques en faveur d'une « insurrection nationale » ou d'une « guerre d'indépendance ». Entre autre, l'accusation de Malleson, qu'en l'espace de cent ans la gouvernance n'était pas parvenue à assurer la loyauté du moindre échantillon de la population indienne envers la présence britannique, était l'un des arguments de taille de Savarkar – à ceci près que, dans son cas, le véritable instigateur du mécontentement n'était pas uniquement Dalhousie ou l'administration, mais la présence britannique en Inde en tant qu'Etat colonial.

A ce niveau d'analyse, il serait utile d'évoquer un autre historien de la rébellion, John William Kaye, qui publia le premier volume de son livre *History of the Sepoy War in India* en 1864.[74] La tâche de rapporteur seyait particulièrement bien à Kaye, puisqu'en 1858, il avait succédé à John Stuart Mill au poste de secrétaire du *Secret and Political Department* de l'*India Office*.[75] Le titre choisi par Kaye, qui souligne la difficulté de donner un nom aux évènements, apparaît comme une orientation vers un compromis pusillanime entre les deux écoles de pensée. Tandis que le mot « Sepoy » va dans le sens de la théorie de la mutinerie, le terme « War » suggère un

---

[74] *History of the Sepoy War in India, 1857-58*. 3 vols. (London : W.H. Allen, 1864-76).

[75] Cf. Nihar Nandan Singh, *British historiography on British Rule in India. The Life and Writings of John Willian Kaye* (Patna, 1986) pour plus d'informations sur la carrière officielle et les écrits de Kaye.

évènement plus grave qu'une simple indiscipline militaire ou qu'une marque d'irrespect de l'ordre publique. Bien que la présence de l'expression « Sepoy War » dans le titre soit à la fois maladroite et vague (puisque les cipayes ont pour mission de participer aux guerres, l'expression devient tautologique), il s'agit d'ores et déjà d'une acceptation de l'échec de l'explication par une cause unique. Tandis que des historiens plus anciens tels que Charles Ball, E.H, Nolan ou Robert Martin avaient commencé leurs travaux par un compte-rendu général sur l'Inde, Kaye entamait le sien par une réflexion développée sur les causes de la rébellion.

C'est dans le premier tome de son ouvrage que Kaye formule une véritable critique sur le premier siècle de présence britannique en Inde. Alors que Kaye avait publié en 1851 un rapport dithyrambique sur les progrès des Britanniques en Inde dans *The Administration of the East India Company*, son *Sepoy War* est plus neutre et réfléchi. Il montre par ailleurs à quel point les réformes sociales et les « avancées de l'anglicisation » au sein de l'administration, de l'éducation et des technologies ont fondamentalement conduit à la rébellion. Contre les vérités de l'utilitarisme libéral et du radicalisme philosophique, inspirés de Bentham et James Mill qui pendant plusieurs décennies avaient prêché pour des changements plus radicaux en Inde, Kaye adopte ici une approche plus conservative et prudente envers la société et la politique indiennes. De plus, en tentant de présenter le lien entre la théorie politique libérale telle qu'elle fut appliquée en Inde et la rébellion, le premier tome de *Sepoy War* expose une analogie cachée entre les récentes activités de la Compagnie en Inde et l'approche « républicaine » pratiquée tant en Angleterre qu'en France. Pendant des années, Kaye a écrit :

> *Des responsables intelligents et cultivés ayant un penchant certain pour les images historiques découvrirent des ressemblances entre la très grave situation au Bengale et les événements qui précédèrent la Grande Révolution en France, alors que les privilèges de l'ancienne noblesse étouffaient la vie de la*

nation et qu'approchait le jour de la rétribution non dépourvu d'une forme intrinsèque de tyrannie.[76]

Ainsi, en tentant d'empêcher une future poussée populaire contre une tradition seigneuriale, exactement comme cela s'était produit en France, au moyen de réformes introduites juste à temps, les administrateurs libéraux de la Compagnie ont produit un « règne de la terreur » qui touchait toutes les classes de la campagne du nord de l'Inde. Kaye va plus loin, écrivant qu'une « *révolution contre la propriété privée, méticuleusement menée par les Anglais a poussé les classes dangereuses et rebelles, qui consacraient leur temps au rétablissement de ce qu'elles avaient perdu, aux portes d'une nouvelle ère révolutionnaire.* »[77] Déjà présagée par le déroulement des décennies précédant 1857, cette ère révolutionnaire est désignée par Kaye comme la Guerre des Cipaye « contre-révolutionnaire », lorsque l'*ancien régime* indien se mit à réclamer ses droits et privilèges perdus et à se venger des instigateurs de la terreur originelle.[78]

II
La Thèse de Buckler

Vieille de cinquante ans, cette controverse sur une appellation adéquate, apparue la première fois entre le bras militaire et le bras civil de l'Etat, puis ayant divisé nationalistes et apologistes de l'empire, met en exergue une méthode parmi d'autres, utilisable afin de s'approprier l'histoire et de servir certains intérêts. Or souvent ces méthodes sont liées à l'écriture. Dans les écrits à la fois de ceux qui défendent la thèse de la « mutinerie », et de ceux qui les opposent, les mêmes décors, actions et protagonistes, extraits – à peu de détails près – des mêmes archives, sont interprétés sous des angles différents et aboutissent à des conclusions totalement opposées. Mallesson

[76] Kaye, *History of the Sepoy War*, vol. 1, 169.
[77] *Ibid.*, 178-179.
[78] Cf. *The Indian Mutiny in the British Imagination* pour plus de détails concernant Kaye et les autres historiens de la rébellion.

planta le décor de cent ans de gouvernance médiocre ; Savarkar traita de l'absence de principes inhérente à la présence britannique en Inde ; mais ni l'un ni l'autre ne parvinrent à totalement se dégager des conséquences de leurs démonstrations.

La première critique qui a eu trait à l'environnement dans lequel sont apparus des termes tels que mutinerie ou guerre nationale date de 1922. Il s'agissait d'un article de Francis W. Buckler, alors professeur d'histoire à l'Université d'Allahabad. Dans "The Political Theory of the Indian Mutiny", paru dans *Transactions of the Royal Asiatic Society*, Buckler remonte à la fin du XVIIIe siècle, époque où l'*East India Company*, naguère une société commerciale, se transforma en puissance territoriale.[79] En récompense de son aide apportée à l'empereur moghol contre son gouverneur rebelle au Bengale, la Compagnie avait reçu le titre de gouverneur (ou *shubâdâr*) d'une province regroupant le Bihâr, le Bengale et l'Orissa. Tous les *shubas* moghols avaient des *shubâdârs*. Ce qui se produisit en 1764 n'était donc pas un fait extraordinaire, même si, dans ce cas particulier, le *shubâdâr* n'était ni un roi tributaire ni un noble moghol, mais une société commerciale anglaise apte à distinguer et signer une bonne affaire et doublée d'une armée de mercenaires bien entraînée. En qualité de *shubâdâr*, la Compagnie devait verser à l'empereur une part des revenus des territoires qu'elle détenait en son nom. Ainsi, chaque année, au cours d'une cérémonie se tenant à Agra ou à Delhi, les gouverneurs généraux successifs venaient rendre visite et hommage à l'empereur lors de l'audience du *darbhâr* et payer le *nuzur*. En échange de quoi, l'empereur offrait à son serviteur, le *shubâdâr*, des présents, des robes d'apparat, ainsi que sa bénédiction. La pratique continua jusqu'en 1833. Chaque année, à l'occasion d'une cérémonie publique dont les rites remontaient aux rituels royaux *safavis* et qu'Akbar avait importée de Perse à la fin du seizième siècle, la Compagnie confirmait sa subordination à l'empereur.

---

[79] F.W. Buckler, "Political Theory of the Indian Mutiny" (1922), in M.N. Pearson, (ed.) *Legitimacy and Symbols: South Asian Writings of F.W. Buckler* (Ann Arbor: University of Michigan Press, 1985), pp. 43-73.

Tandis qu'au cours du dix-huitième siècle l'empire moghol se désagrégeait, ces nobles ostentations de l'autorité moghole persistaient, y compris quand la Compagnie, à l'instar d'autres *shubâdârs* impatients et ambitieux, commença à poursuivre ses propres intérêts et appétits, en l'occurrence mercantiles, militaires et politiques – bien que pas toujours selon cet ordre de priorités. Tout au long du XVIIIe et au début du XIXe siècle, le territoire de la Compagnie s'étendit rapidement. Quelques *shubâs* d'autrefois et des provinces telles qu'Awadh, le Deccan et l'Inde Centrale étaient grignotés, tandis que le pouvoir moghol voyait progressivement et inexorablement son autorité disparaître, y compris lorsque la Compagnie prétendait préserver ses obligations constitutionnelles d'origine envers l'empereur. Pour Buckler, la Compagnie fut peut-être l'ennemi le plus tenace et le plus vorace que l'Etat moghol eut à combattre. Après l'encourageante sécession du *shubâ* d'Awadh, à partir de 1772, au lieu de les reverser au trésor impérial, la Compagnie alla jusqu'à garder pour elle-même les revenus du Bengale, la plus riche des provinces mogholes.

D'après Buckler, ce ne fut pas la seule mise en scène régie par la Compagnie. Au Parlement britannique, où sa charte commerciale était renouvelée tous les vingt ans, la Compagnie continuait à faire croire qu'elle était, au nom de la Grande Bretagne, le protecteur des territoires de l'empire moghol et que le *nuzur* (que le gouverneur général devait verser chaque année à Delhi) n'était autre qu'une pension pour un monarque dépensier. Après 1764, la Compagnie était donc sous la responsabilité de deux maîtres : l'un à Delhi, l'autre à Londres. Comme le démontre Buckler après une étude attentive des *farmans* moghols, alors que la Compagnie avait été autorisée par le Parlement à faire du négoce en Inde, l'ensemble de ses droits territoriaux, de même que les droits de rendre justice et d'encaisser les revenus, ne lui parvenaient ni de la Couronne d'Angleterre, ni du Parlement britannique, ni même de sa force militaire, mais des *farmans* de l'empereur moghol. C'était en qualité de *shubâdârs* que la Compagnie se présentait à la cour moghole et c'était à ce titre qu'elle était reconnue par les autres puissances territoriales en Inde.

Une fois ceci démontré, l'argument de Buckler est à la fois simple et brillant. Respectant par intermittence ses doubles obligations envers l'empereur et le Parlement, à compter de la fin du XVIIIe siècle, l'administration de la Compagnie « *adopta une attitude et poursuivit une politique à l'égard de l'empereur moghol que ce dernier ne pouvait interpréter que comme de la haute trahison. Le comble fut atteint lorsque Dalhousie et Canning tentèrent de modifier les droits de succession des princes* ».[80] Etayant cette histoire politique et constitutionnelle par une lecture attentive de plusieurs sources, dont *The Proceedings of the Trial of the King of Delhi*, Buckler parvient à la conclusion qu'en 1857 les soldats de l'Armée du Bengale, assistés des partisans de l'inter-religiosité, de l'élite traditionnelle et du peuple en général, s'en prirent à la Compagnie – ce *shubâdâr* félon –, au nom de leur seigneur et maître en droit, l'empereur moghol.[81] L'essai se termine sur l'assertion étonnante que « *s'il y avait un mutin en 1857, c'était bien l'East India Company* » et que l'utilisation du terme « mutinerie » dans des écrits ultérieurs était un brouillage délibéré de la part de la base constitutionnelle du pouvoir britannique en Inde.[82] Mais ce brouillage avait une longue histoire. Buckler montre comment, aidée par la machine de propagande dirigée par ses chroniqueurs, la Compagnie « *a imaginé une histoire fictive de l'Inde, jusqu'à ce que, dans la première moitié du XIXe siècle, elle coexiste en parallèle avec un Empire politiquement bien réel, dont l'histoire revendiquait littéralement la non-existence* ».[83]

Buckler ajoute que la culpabilité que les Britanniques imputaient à un empereur astucieusement rebaptisé « roi de Delhi » dans les documents juridiques « *était davantage attribuable à la Compagnie, son vassal déloyal, puisque les difficultés de l'empereur venaient en majeure partie des manœuvres de la Compagnie et qu'après 1772 cette dernière*

---

[80] *Ibid.*, pp. 45-6.

[81] *Proceedings of the Trial of Muhammad Bahadur Shah. Titular King of Delhi, before a military commission, upon a charge of rebellion, treason and murder ... 1858, etc.* (Calcutta: n.p, 1895).

[82] "Political Theory of the Indian Mutiny", p. 46.

[83] *Ibid.*, p. 45.

revint sur sa promesse de reverser les revenus du Bengale ».[84] D'après Buckler, ce furent ces cent années d'actes d'insubordination et de trahisons que les loyaux serviteurs de l'empereur tentèrent en vain de corriger. Malgré le formalisme constitutionnel qui sous-tend l'essai (ou peut-être de ce fait), il y a chez Buckler un ton moralisateur flagrant, qui rappelle les critiques qu'Edmund Burke avait lancées bien avant le procès d'Hastings, que la « *Compagnie n'avait jamais signé un traité sans le rompre plus tard* », ou qu'il n'y avait pas « *en Inde un seul Etat princier ou potentat, grand ou petit, avec lequel [la Compagnie] n'eût été en contact, qu'elle n'ait vendu par la suite* ».[85]

Curieusement, Buckler se montrait assez optimiste quant à l'avenir de la nouvelle distribution des pouvoirs, dans le cas où la rébellion aurait rencontré le succès. A la fin de son essai, il remarque au sujet de la situation à Delhi durant l'été 1857 que « *les cruautés, les morts, les désordres financiers et autres ne sont que secondaires. Le chaos administratif éphémère était inévitable dès lors que les officiers du grand vassal avaient dû abandonner leurs postes. Mais il existe peu ou aucune possibilité de prouver que le rétablissement aurait été impossible si le soulèvement avait été une réussite* ».[86]

III

Rébellion et petite Guerre

L'interprétation académique de Buckler fut largement ignorée par l'historiographie ultérieure. Après une courte recrudescence due aux publications du centenaire de 1957, le débat portant sur l'appellation « mutinerie » ou « guerre nationale » s'éclipsa. Par la suite, la ferveur montrée pour la découverte de modèles de lois confirmatives (*covering laws*) et

---

[84] *Ibid.*, p. 45.

[85] P.J. Marshall, *The Writings and Speeches of Edmund Burke. Vol. V. India: Madras and Bengal, 1774-1785* (Oxford: Clarendon, 1981), p. 391.

[86] *Ibid.*, p. 47.

pour les « origines de la rébellion » céda la place à un intérêt nouveau à l'égard des actes de résistance s'étant produits dans certaines localités. Manifeste pour la première fois dans les ouvrages de S.B. Chaudhuri, *Civil Disturbances During British Rule in India* et *Civil Rebellion in the Indian Mutinies*, cet intérêt réapparut, accompagné de détails micro-économiques, dans les études d'Eric Stokes consacrées à la révolte rurale puis de Rudgrangshu Mukherjee, Gautam Bhadra et Tapati Roy.[87] En se consacrant en premier lieu à des actes de résistance discrets, accomplis par des acteurs, des communautés et des groupes sociaux locaux, et en récupérant des voix morcelées, des visions, des symboles et d'autres marques de la conscience paysanne, le nouveau savoir sur la rébellion représentait une percée dans l'historiographie de la rébellion. Ce savoir se situait lui-même dans la lignée de la montée de la théorie subalterne et de l'écriture de l'histoire en Inde. Mais alors que la nouvelle histoire dégageait la vieille impasse nationaliste-impérialiste dans l'historiographie, l'attention portée aux exemples particuliers de résistance populaire rendait plus ardue la tâche d'étudier la rébellion en tant qu'événement à part entière ou de la rapprocher d'événements similaires s'étant produits ailleurs dans le monde. Pourtant, ce qui est difficile n'est pas systématiquement impossible et peut même aujourd'hui s'avérer un travail indispensable, notamment lors de commémorations faisant référence à l'événement en tant que tel. L'objectif est alors de redéfinir la rébellion en termes de

---

[87] *Civil Disturbances During British Rule in India, 1765-1857* (Calcutta: World Press, 1955) ; *Civil Rebellion in the Indian Mutinies, 1857-59* (Calcutta: World Press, 1957). Eric Stokes, "Rural Revolt in the Great Rebellion of 1857 in India: A Study of the Saharanpur and Muzzafarnagar districts." *The Historical Journal*, vol. 12, no. 4 (December, 1969), pp. 606-627. Lire également *The Peasant and the Raj: Studies in Agrarian Society and Peasant Rebellion in Colonial India* (Cambridge: Cambridge University Press, 1978) et *The Peasant Armed: The Indian Revolt of 1857*, ed. C.A. Bayly (Oxford: Clarendon, 1986). Rudrangshu Mukherjee, *Awadh in Revolt, 1857-58: A Study in Popular Resistance* (New Delhi: Oxford University Press, 1984) ; Tapati Roy, *The Politics of a Popular Uprising, Bundelkhand in 1857* (New Delhi: Oxford University Press, 1994) ; et Gautam Bhadra, "Four Rebels of 1857", in Ranajit Guha (ed.) *Subaltern Studies IV* (New Delhi: Oxford University Press, 1985).

théorie générale, sans toutefois ressortir les vieilles et trompeuses généralités qui constituaient la base du débat sur la mutinerie ou la guerre.

Tandis qu'il existe une abondance d'écrits consacrés aux aspects militaires de la rébellion, à la stratégie des rebelles et aux campagnes britanniques de reconquête, peu de travaux existent, si ce n'est aucun, qui envisagent la rébellion sous l'angle de la longue histoire des conflits coloniaux à s'être déroulés durant les XIXe et XXe siècles. Comme Walter Laquer, John Lonsdale, Moor et Wesseling l'ont chacun démontré, la Grande Bretagne fut impliquée dans environ quatre-vingt-deux campagnes militaires dites coloniales et « irrégulières » entre les années 1830 et les années 1870.[88] S'ajoutent à ces campagnes, la guerre anglo-égyptienne (1882), la guerre belgo-arabe (1892-94), la guerre opposant l'Allemagne au Tanganyika (1905), la guerre anglo-birmane (1885), la guerre franco-malgache (1894-95), la guerre d'Aceh (1873-79), la seconde guerre anglo-afghane (1878-80), la guerre italo-éthiopienne (1895-96) et la guerre franco-indochinoise (1882-84). On parvient ainsi à se faire une idée de l'omniprésence de la résistance indigène aux avancées et interventions coloniales.

Le nombre croissant de conflits en Asie et en Afrique (et incontestablement la rébellion de 1857 devrait trouver ici sa place) mena à la création, dans les années 1890, d'une théorie sur les guerres coloniales ou irrégulières. Le premier travail important sur le sujet fut *Small Wars: Their Principles and Practice* (1899) écrit par Major C.E. Calwell, de l'*Intelligence Department* du *War Office* de Londres. Même si Calwell ne

---

88 Walter Laquer, *Guerrilla: A Historical and Critical Study* (London: Weidenfeld and Nicholson, 1977). Dans John Lonsdale, "The Politics of Conquest: The British in Western Kenya, 1894-1908", *The Historical Journal*, No. 20 (1977), l'auteur liste vingt expéditions britanniques entre 1894 et 1914 (pp. 858-59). J.A. de Moor & H.L. Wesseling (eds.), *Imperialism and War: Essays on Colonial Wars in Asia and Africa* (Leiden: Brill, 1989). Lire également J.D. Singer and M. Small, *The Wages of War, 1816-1965. A Statistical Handbook* (New York: Wiley, 1972).

traite pas expressément de la rébellion indienne, nombre de points abordés dans son argumentation sur les questions stratégiques et tactiques s'y appliquent. Calwell fait d'abord une distinction entre la conduite des guerres européennes et celle des guerres coloniales ou une distinction entre grandes et petites guerres.[89] Tandis que les grandes guerres étaient disputées entre Etats sur des champs de bataille prédéfinis et faisaient appel à des troupes régulières et à des stratégies conventionnelles, les petites guerres mettaient habituellement face à face un Etat (colonial) et des groupes de miliciens peu organisés et dépourvus d'une structure de commande centrale militaire ou politique. Calwell note que « *les opposants forts et bien organisés [...] étaient les précédents adversaires des Européens, tant sur un plan militaire que politique, tant durant les conflits qu'après* », mais qu' « *un ennemi moins organisé, qui se limitait à des activités de guérillas, était bien plus difficile à traiter* ». La difficulté venait principalement du fait que civils et combattants étaient souvent impossibles à distinguer.[90] De plus, les petites guerres étaient différentes des guerres conventionnelles entre pays européens dans ce sens que les petites guerres « *étaient menées dans le but d'établir une présence permanente [...]. Une approche purement militaire était insuffisante* », attendu qu'il fallait « *toujours prendre en compte les civils* ».[91] L'attention portée à la population civile lors de guerres d'insurrections avait deux objectifs : elle pouvait signifier ce qui est désormais populairement connu comme une manière de « *gagner les cœurs et les esprits* », mais aussi de sanctionner la population civile puisque combattants et civils étaient étroitement liés. Par la suite, Calwell distingue trois types de petites guerres : (a) les guerres de conquêtes et

---

[89] C.E. Calwell, *Small Wars: Their Principles and Practice* (London: Her Majesty's Stationery Office, 1899). Le livre développait certaines idées que Calwell avait déjà débattues lors d'une conférence devant l'*Aldershot Military Society* en 1895. Lire ses "Lessons to be Learnt from Small Wars Since 1870," (Aldershot: Gale and Polden, 1895). La théorie de Calwell est examinée en détails par Donald Featherstone dans *Colonial Small Wars, 1837-1901* (Newton Abbot: David and Charles, 1973).

[90] *Small wars*, p. 5.

[91] *Ibid.*, p. 6.

d'annexions, (b) les guerres d'assujettissement et de pacification, et enfin (c) les guerres de discipline et de sanction. Dans les trois cas, les petites guerres étaient « *des expéditions contre des sauvages et des races semi-civilisées, menées par des soldats disciplinés, des campagnes lancées pour annihiler les rébellions et les guérillas dans* ****** *les parties du monde où des armées organisées luttaient contre des ennemis qui ne viendraient pas à leur rencontre sur un champ de bataille* ».[92] La nature irrégulière de ces conflits réclamait une réponse aussi peu conventionnelle. L'absence d'un noyau politique clair d'une part, et le lien entre civils et combattants d'autre part, nécessitaient une offensive directe contre la population, car le principe stratégique était d' « *impressionner l'ennemi par des initiatives audacieuses et des actions inébranlables* ». Cette stratégie signifiait l'utilisation de brigades montées légères ou de colonnes mobiles (plutôt qu'une défense statique), l'usage de tactiques inhabituelles, une politique de la terre brûlée. Elle signifiait également d'éviter des campagnes conventionnelles prolongées, des actions derrière les lignes, le bluff et les fanfaronnades. D'après Calwell il fallait connaître « *la manière de traiter avec les Asiatiques : aller vers eux et les intimider par la pure force de la volonté* ».[93]

Les propositions de Calwell sur la gestion des petites guerres trouvent écho dans les rapports sur les « pacifications » (ainsi nommées) du Pendjab et de la Frontière du Nord-Ouest remontant à la fin des années 1840, et bien sûr dans les histoires des campagnes militaires britanniques durant la rébellion. Les attaques sur les populations civiles entre Allahabad et Kânpur par l'armée de reconquête venant de Bénarès, la destruction des semences sur pied, le sac de Delhi, le recrutement et le déploiement de la *Delhi Field Force* et les assassinats des princes moghols par le Capitaine Hodson étaient autant d'exemples d'actions irrégulières visant à intimider la population et à engager le combat avec un ennemi insaisissable. Bien que la théorie sur les petites guerres de Calwell repose sur la base des conflits coloniaux du XIXe siècle, elle s'est

[92] *Ibid.*, p. 21.
[93] *Ibid.*, p. 22.

longtemps avérée très perspicace – elle l'est d'ailleurs toujours. Comme le note Wesseling :

> *Les armées coloniales avaient l'habitude – et souvent elles étaient contraintes – d'attaquer sans cesse quelles que soient leurs chances de succès, afin de maintenir l'image de la supériorité des Européens. Il n'est guère difficile de découvrir le lien entre cette approche et la mentalité qui dominait en 1914-18 et insistait tout particulièrement sur la volonté, le moral et l'initiative dans l'action offensive.*[94]

Cependant, les liens entre l'histoire des petites guerres et la rébellion indienne sont plus étroits. La théorie de Calwell sur les petites guerres est réapparue en 1940 sous la forme d'un *Small Wars Manual* destiné à un corps de marines US, et qui, hormis quelques mises à jour régulières, reste le manuel de référence pour les opérations de contre-insurrection dans des secteurs aussi variés que le Vietnam, le Nicaragua, la Somalie, la Bosnie, le Kosovo, l'Irak et l'Afghanistan.[95] Avec la montée de formes d'impérialisme plus récentes et les nouvelles interventions par les Etats occidentaux dans les politiques et les sociétés non-occidentales, le conflit « asymétrique » entre des gouvernements et des acteurs non-gouvernementaux cherchant à renverser l'Etat par des moyens non-conventionnels est devenu, depuis deux décennies, une question majeure soulevée dans les études stratégiques.[96] Et, du fait que les lieux

---

[94] *Imperialism and War*, p. 26. Wesseling poursuit ainsi son observation : "*Les guerres coloniales n'étaient pas qu'un jeu, elles étaient aussi justifiées et nécessaires du point de vue du social darwinisme. En outre, ce qui était encore plus important, elles étaient presque toujours victorieuses et les armées coloniales étaient pour ainsi dire par définition des armées triomphantes.*" p. 26.

[95] *Small Wars Manual* (Washington DC: USMC, Department of the Navy, 1940)

[96] L'expression "conflit asymétrique" fut pour la première fois utilisée par Andrew Mack dans, "The Concept of Power and Its Uses in Explaining Asymmetric Conflict", London : Richardson Institute for Conflict and Peace Research, 1974.

d'insurrection les plus importants se trouvent aujourd'hui au Pakistan, en Afghanistan, en Irak et en Palestine, les comptes-rendus de guerres coloniales dans ces régions du monde ou dans des zones limitrophes sont remis au goût du jour. Ce sont désormais des sources d'informations capitales en termes de stratégie et de tactique. Comme jamais auparavant, la politique sécuritaire contemporaine des Britanniques et des Nord-Américains se tourne vers les guerres coloniales irrégulières du XIXe siècle, parmi lesquelles la rébellion indienne est peut-être la pierre d'angle. Elles constituent des leçons sur l'endiguement du terrorisme, sur la contre-insurrection, le désarmement, la surveillance et le réajustement des stratégies des petites guerres et de contre-insurrections pour les sociétés islamiques. Comme un spécialiste en stratégie l'a récemment observé au RAND :

> *Insurrection et contre-insurrection... ont, depuis le milieu des années soixante, retenu l'attention des militaires, universitaires et journalistes plus que jamais auparavant. Les spécialistes et hommes de terrain ont étudié les campagnes coloniales américaines et européennes des XIXe et XXe siècles... La littérature spécialisée regorge d'articles sur la façon de procéder contre les irréguliers et les universitaires ont permi de parfaire notre compréhension quant au rôle des insurrections, du terrorisme et de ****** les formes de violence politique qui leur sont liées et qui sont relatives à la question de la sécurité dans le monde.*[97]

Cette nouvelle prose sur la contre-insurrection – pour emprunter l'expression de Ranajit Guha – nous offre un

[97] "Subversion and Terrorism: Understanding and Countering the Threat" in *The MIPT Terrorism Annual* (Oklahoma: National Memorial Institute for the Prevention of Terrorism, 2006), p. 53. Lire également David Kilcullen, "Countering Global Insurgency" *Journal of Strategic Studies*, vol. 28, no. 4 (August, 2005), pp. 597-617 ; et Lt. Col. Robert M. Cassidy, *The British Army and Counterinsurgency: The Salience of Military Culture, Military Review* (May-June 2005), pp. 53-59.

contexte nouveau pour réétudier la rébellion de 1857.[98] Cette rébellion comporte tous les éléments du scénario contemporain – insurrection et contre-insurrection – dans lequel les armées conventionnelles sont confrontées à des situations militaires non conventionnelles ou non classiques : des sociétés traditionnelles, des élites expropriées, des motifs religieux, des conceptions de guerres religieuses, des réseaux de résistance peu structurés, des liens entre combattants et civils. Certes, le riche apport des études locales menées sur les actions et les motivations des rebelles est déjà pris en compte, mais il est peut-être temps de réexaminer l'évènement – ceci pour une lecture globale de la rébellion –, et de le restituer dans la longue histoire des conflits coloniaux, néo-coloniaux et néo-conservateurs.

[98] Ranajit Guha, "The Prose of Counter-insurgency", in Ranajit Guha (ed.), *Subaltern Studies II* (New Delhi: Oxford University Press, 1984), pp. 1-42.

TROISIEME PARTIE : ART ET LITTERATURE

1857 a marqué la culture indienne autant que la culture colonialiste. La littérature et les arts en tirèrent des thèmes et des formes nouveaux. Il s'agit là souvent des arts de grande diffusion. Conan Doyle dans Le signe des quatre évoqua les remous de 1857 dans une palpitante enquête de Sherlock Holmes. Le capitaine Nemo, prince bengali de Dacca, lança son Nautilus sur les mers lorsque les terres soumises à la répression coloniale lui furent interdites. L'Italien Salgari, le plus favorable aux héros de la décolonisation, consacra un beau roman, Les deux tigres, à 1857. Chez les Indiens commença très tôt une bataille de la mémoire contre la conspiration colonialiste de l'oubli du mouvement de libération le plus puissant du XIXe.

Les arts graphiques seront illustrés par la recherche du Pr Evelyne Hanquart-Turner sur les illustrations de C. Ball. A travers l'étude historique de Mahasweti Devi, Geetha Ganapathy-Doré fait revivre de belle manière une héroïne incontournable de 1857, la Rani de Jhansi. Beena Anand étudie la musique des films historiques pour nous montrer que si en 1857 les genres poétiques traditionnels s'effondrèrent alors qu'ils venaient d'atteindre des sommets, le cinéma populaire leur donne une nouvelle vie. Joelle Harel s'attache au chronotope du siège qui devint inséparable du roman colonial après les événements de 1857. Dhana Underwood de l'université de Liverpool étudie l'approche de Jules Verne qui chemine entre deux colonialismes rivaux et Evelyne Hanquart-Turner revient sur des œuvres de Ruskin Bon et Shyam Benegal.

Michel Naumann

CHAPITRE VII

DU TEXTE A L'IMAGE : UNE DOUBLE VISION DE LA REVOLTE DES CIPAYES

Evelyne Hanquart-Turner, Université de Paris 12 (IMAGER EA 3958)

La bibliographie relative à la Révolte des Cipayes est à la fois conséquente et de nature variée. Elle inclut de nombreux témoignages, des textes historiques (sources primaires et secondaires), des œuvres littéraires (romans, nouvelles, poèmes...) et des études critiques depuis l'époque des faits eux-mêmes jusqu'à ces toutes dernières années, soit près d'un siècle et demi de documents de nature et de valeur diverses. C'est en outre un trope qui a continué d'inspirer non seulement écrivains mais aussi cinéastes indiens et occidentaux.[99] Dans cet embarras de richesses, l'œuvre monumentale de Charles Ball (elle couvre mille trois cents pages en petits caractères sur deux colonnes)[100] retient toutefois notre attention pour la raison même qu'elle prétend être le premier ouvrage historique consacré à cet événement, se différenciant ainsi des lettres, chroniques ou mémoires des acteurs et des témoins de ces

---

[99] Voir en particulier la bibliographie présentée à la fin de l'ouvrage de Gautam Chakravarty. *The Indian Mutiny and the British Imagination,* Cambridge University Press, 2005, 215-236.

[100] Charles Ball. *The Indian Mutiny...* Vol. I : 647 p. Vol II : 663 p.

épisodes traumatiques pour les Britanniques comme pour les Indiens. Son auteur revendique l'objectivité et l'exactitude scientifiques attribuées à l'historien, mais étant donné que le livre fut publié à Londres dès 1859, soit à une époque où souvenirs comme émotions suscités par les événements étaient encore frais et vifs, cette revendication de scientificité doit être prise avec le même sérieux que, disons, l'anthropométrie l'était apparue pour l'élaboration d'une théorie raciale « scientifiquement » fondée à la fin de l'ère victorienne. Le titre complet de l'ouvrage est en lui-même significatif : *Histoire de la mutinerie indienne avec un récit détaillé de l'insurrection des Sepoys et une brève histoire des événements qui ont conduit à la consolidation de l'Empire britannique en Hindoustan* [illustration 1, voir annexe].

Le livre est maintenant devenu rare ; COPAC n'en recense que treize exemplaires orignaux dans des bibliothèques universitaires britanniques,[101] et il est bien sûr difficile de savoir combien subsistent dans d'autres pays ou dans des bibliothèques privées. Pour ma part, j'en ai acquis un exemplaire tout-à-fait par hasard il y a une vingtaine d'années chez un brocanteur de Buxton dans le Derbyshire, et j'ai vu quelques unes de ses illustrations en vente chez un célèbre libraire de Simla quelques années après. Cet article se fonde sur mon exemplaire personnel qui est complet et en bon état. Relié en sept livres, il contient deux cartes de l'Inde en couleurs et quatre-vingt-trois gravures en noir et blanc. Celles-ci se répartissent en trois catégories thématiques disséminées dans tout l'ouvrage qui est divisé en deux volumes, et chacune de ces catégories offre un commentaire intéressant et pertinent sur la position idéologique de l'auteur et de sa relation historique des événements eux-mêmes comme de leurs conséquences sur la période qui a suivi.

La première catégorie est celle des paysages, où les villes figurent en bonne place, que ce soit des vues panoramiques ou des aspects plus particuliers et caractéristiques

---

[101] COPAC, basé à l'Université de Manchester, est le catalogue informatisé de toutes les bibliothèques universitaires de Grande-Bretagne et d'Irlande. Ce catalogue n'est pas encore complet mais comprend déjà plus de trente-deux million d'entrées, certains documents remontant au XIème siècle.

du lieu, la seconde rassemble les portraits des acteurs principaux et la troisième dépeint des épisodes plus ou moins anecdotiques situés dans les différentes parties de l'Inde du Nord affectées par le soulèvement et les représailles qui suivirent.

Chaque volume s'ouvre sur un frontispice sur la page de titre. Ceux-ci se distinguent des autres gravures d'une part parce qu'ils sont contenus dans un cadre ovale, s'opposant au cadre rectangulaire de toutes les autres, et plus significatifs aussi parce qu'ils ont un caractère allégorique et qu'ils se répondent en quelque sorte. Considérés ensemble, ces frontispices donnent le ton musical dans lequel le récit doit être lu, un ton de violence, de mort et de déploration de la calamité qu'ils illustrent. Le premier volume présente une scène de bataille [illustration 2] où l'on voit au centre un officier britannique mortellement blessé par quelque ennemi invisible caché par un nuage de fumée, tombant de cheval et soutenu à grand peine par l'un de ses hommes, tandis qu'au premier plan un autre officier gît sur le sol. La seule indication qui permet de localiser l'action est l'arrière plan exotique de palmiers et un dôme oriental.[102] Dans la mesure où cette image apparaît juste sous le titre, son message est clair : cette mort fulgurante est le résultat d'un danger indéfini qui imprègne tout le paysage indien. En contrepartie de cette vision de mort violente, le second volume s'ouvre sur un spectacle à première vue plus surprenant si l'on tient compte du titre de l'ouvrage [illustration 3]. Ici la localisation exotique est aisée mais vague et générale, puisqu'il n'y a aucune légende. L'arrière plan montre une vaste rivière au soleil couchant, quelques petits bateaux au loin, un temple hindou sur la berge du fleuve abrité dans un boqueteau de palmiers. Le premier plan de ce paysage calme, isolé et mélancolique est donné par l'image d'une indienne en pleurs, vêtue de blanc comme les veuves et pleurant sur son jeune enfant mort. Si l'on considère ces deux illustrations ensemble, puisqu'elles se font pendant dans les deux volumes, un lien implicite de causalité apparaît. La violence injuste de la Révolte qui a causé la mort de l'officier a eu des conséquences tragiques

[102] Une légende est toutefois fournie, identifiant la scène comme celle de la mort du général Neill devant Lucknow.

pour la partie la plus vulnérable de la population indienne, femmes et enfants, comme si, selon la sentence biblique, la faute des parents était retombée sur les enfants.

Après ces images générales et symboliques l'illustrateur de l'ouvrage met en place la scène de l'action, les acteurs, puis les différents épisodes du drame. Toutes ces scènes ou portraits sont très détaillés et visiblement de la même main et l'ensemble donne une vision assez manichéenne de la tragédie qui s'est déroulée sur plus d'un an et demi, ce qui n'est évidemment pas surprenant en soi.

Les paysages donnent une vision de l'Inde tout entière de Madras à l'Himalaya [vues de Madras et de Mussoorie], de l'Inde britannique et des états princiers [vues de Calcutta, Bombay, Delhi, Lucknow] et pas seulement des régions directement affectées par le soulèvement. Toutes ces illustrations tendent à donner une impression favorable du pays grâce aux paysages conçus dans la tradition picturale des vues présentées par les Daniell [le palais de Lucknow].[103] Les beautés naturelles du paysage, l'élégance des bâtiments sont des caractéristiques dominantes et permettent de mettre en évidence l'impression de paix et de sérénité du pays tout entier. On y voit les gens vaquant à leurs occupations habituelles, travaillant, parlant, se promenant, en quelque sorte sub specie aeternitatis, dans un vide temporel. Même les fortifications et les bâtiments militaires sont dépeints sans soldats en arme ni canon bien visibles. Ces vues sont souvent panoramiques et donnent ainsi un sens d'espace et de distance, peuplées d'un petit nombre de personnages, en sorte que ni le sens de la surpopulation ni de l'agitation humaine n'apparaît dans ces décors sereins. Cette immense scène spacieuse contribue à l'impression de calme, d'ordre et de paix voire de quasi immobilité du décor [vue de la rue d'Agra]. En outre, une opposition entre les événements décrits par le texte et les paysages indiens est à remarquer. Prenons par exemple la Résidence à Lucknow. Le contraste entre le récit qui occupe le début du chapitre un du second

---

[103] Les Daniell, l'oncle, Thomas (1749-1840) et le neveu, William (1769-1837) parcoururent de vastes territoires indiens pendant une dizaine d'années entre 1784 et 1795, chargés d'en reproduire les paysages et les monuments pour la Compagnie des Indes. Ils ont laissé plus d'une centaine d'eaux fortes souvent d'une grande beauté.

volume (et donne une description plus militaire des lieux et plus en accord avec les événements ensuite décrits par le texte) et la gravure représentant le même endroit est frappant [vue de la Résidence].[104] De cette façon l'implication est donc que paysages des villes et des campagnes sont la réalité immémoriale, atemporelle de l'Inde sous la férule de ses maîtres éclairés, qu'il n'y a aucune raison apparente pour une quelconque agitation et que l'Inde est vraiment un beau pays où les gens ordinaires peuvent mener à bien leurs tâches ordinaires, un pays dont la beauté naturelle est mise en évidence. C'est dans ce cadre idyllique que la tragédie va naître, et ce cadre paisible accentue encore l'impact dramatique de l'inattendu, de l'imprévisible révolte de soldats indigènes de la Compagnie des Indes, les Cipayes, dont la violence défie l'imagination des lecteurs de Ball....

Le décor étant planté arrivent les héros de la tragédie. Leurs portraits sont limités en nombre mais éloquents, ne laissant aucun doute sur l'identité des « bons » ou des « méchants ». Du côté britannique, ils sont quatre : deux militaires et deux politiciens. Le général Havelock, sir Colin Campbell [portraits des deux soldats] ont l'air énergique ou pensif, mais calmes et visiblement rassurants plutôt que terrifiants. Campbell est représenté assis (ce qui exclut une pause agressive ou par trop arrogante) De fait aucun de ces soldats ne porte d'arme, pas même une épée d'apparat. La seule suggestion de bellicosité semble venir d'Havelock debout dans une pause vaguement napoléonienne. Tous deux, cependant, ont l'air résolu. Viennent les deux hommes politiques, Canning et Palmerston [portraits des deux] qui eux aussi créent une certaine impression, mais beaucoup moins positive Aucune énergie n'émane de ces portraits, mais plutôt mollesse et indécision, Canning, dont la clémence lui fut vivement reprochée après les faits, apparaît même intellectuellement faible et presque attardé, la bouche entr'ouverte. Cette déliquescence des politiciens contraste nettement avec le sérieux et la calme détermination des militaires.

Les portraits des Indiens sont un peu surprenants. Parmi eux se rencontre une femme, mais contrairement à ce que l'on

---

104 Charles Ball. *The Indian Mutiny*.... II, chap I, p.3 et 4.

pourrait attendre, il ne s'agit pas de Lakshmibhai, la célèbre rani de Jhansi, héroïne indiscutée de la Révolte, mais tout simplement de la jeune épouse du grand Moghol, et les deux hommes représentés, Bahadur Shah et Koor Singh, comptent seulement parmi les personnages secondaires de l'événement et non comme Havelock ou Campbell, parmi les héros reconnus de tous. Les deux portraits du couple impérial représentent les personnages assis, signe de leur statut social certes, mais présentés côte à côte ils regardent dans des directions opposées, accroissant ainsi le sentiment de leur éloignement tant par l'âge que par les visées.[portrait du grand Moghol et de son épouse] Bahadur Shah apparaît vieux, courbé, amaigri et usé, le regard vague dans le lointain, tandis que sa jeune femme au visage plein et gracieux fait montre d'une attitude délurée et, non sans provocation, souriant ironiquement. La juxtaposition des portraits de ce couple étrange suggère un déséquilibre des pouvoirs et une certaine manipulation du vieil empereur par son entourage immédiat. Quant à Koor Singh (surnommé dans certains textes « le grand rebelle de Jagdespoor ») il est représenté debout de trois quarts, dans une posture cambrée et hautaine, la tête droite et altière, la main sur le pommeau de son épée. Son air arrogant et résolu s'accompagne d'une touche de cruauté suggérée par sa lèvre inférieure charnue et tombante, à moitié cachée par de longues moustaches et une ample barbe sombre.

La comparaison des différents costumes est aussi révélatrice des intentions du dessinateur. Tous les Anglais sont habillés avec modestie et sobriété, même dans leurs uniformes victoriens, tandis que les Indiens sont recouverts de brocarde, de mousseline et de bijoux. Selon les critères de l'époque, il est clair que ces parures sont considérées comme efféminées et connotent la personnalité dégénérée du Grand Moghol et de son vassal, malgré la pause martiale de celui-ci. En outre le fait que les acteurs indiens représentés ainsi ne sont pas les personnages que l'Histoire a retenus comme étant les leaders indiens du mouvement insurrectionnel national qu'est devenue la mutinerie des soldats au fil des semaines. En ne représentant pas ceux qui pouvaient paraître comme les adversaires réels des héros britanniques, tels que la Rani de Jhansi, Nana Sahib ou Tanthia Topi, pourtant cités comme tels dans le récit de Ball, l'illustrateur a insisté sur l'absence de rivaux de stature héroïque, l'inégalité fondamentale de mérite et de capacité entre les protagonistes des deux camps. Ni, le Grand Moghol, ni sa reine, pas plus que Koor Singh ne peuvent passer pour les instigateurs ni pour les chefs responsables des événements qui mirent le Nord de l'Inde à feu et à sang pendant des mois. D'après les illustrations de l'ouvrage, les vrais adversaires des Anglais sont destinés à l'oubli et seuls des personnages secondaires et donc inférieurs peuvent être évoqués.[105]

Une fois le décor planté et les protagonistes en place, l'action dramatique peut être mise en scène. En effet, plus de la moitié des gravures illustrent des épisodes précis de la rébellion et sont directement associées à des passages du récit. Certains sont des scènes de bataille comme celle de Cawnpore dont la composition semble particulièrement révélatrice de l'impression que l'illustrateur cherche à donner (nous reviendrons là-dessus). D'autres représentent des scènes de violence et d'agression de la part des mutins et finalement il y a quelques scènes de représailles et de châtiment de la part des troupes britanniques, mais pour rares qu'elles soient, elles n'en sont pas moins frappantes. Dans tous les cas, les épisodes évoqués sont destinés à engendrer un sentiment de violence, de chaos, de peur et d'humiliation. Les gravures sont sombres et l'atmosphère dans laquelle les événements se déroulent est soigneusement lugubre, en sorte que les gravures de cette catégorie contrastent vivement avec la luminosité et le calme des paysages de villes et de campagne considérés auparavant. Les épisodes que le dessinateur a choisis sont évidemment les plus célèbres et concernent des événements collectifs, batailles et sièges (de Delhi, Lucknow, Allahabad...) ou événements à Cawnpore, mais aussi des événements concernant des particuliers comme le docteur Graham abattu dans son phaéton ou Miss Wheeler se défendant contre un sort pire que la mort. Par ailleurs, si nous prenons ces quelques exemples nous voyons que ce n'est pas seulement le choix de représenter tel ou tel épisode qui est révélateur de l'esprit de l'écrivain et de son illustrateur mais que

[105] Seul un épisode met en scène Nana Sahib (identifié par la légende seule) sortant de Cawnpore à dos d'éléphant avec sa suite.

tout aussi significative est la manière dont ces épisodes sont mis en scène.

Considérons tout d'abord la bataille de Cawnpore. La composition de la scène est en soi parlante. Les deux tiers de l'image, à gauche, sont occupés par l'assaut des rebelles contre les troupes britanniques qui occupent le tiers de droite. Cette simple utilisation de l'espace donne déjà un sentiment de la disproportion des forces en présence. Lorsque l'on considère le régiment britannique on remarque une dominance de lignes droites parallèles ou semi parallèles : ligne des hommes, ligne des fusils, ligne des baïonnettes. Les soldats sont debout ou genoux à terre mais ils forment toujours une figure géométrique, ce qui, ajouté à l'uniformité de leur costume, donne une impression d'ordre, de calme et d'harmonie à ce tiers droit du rectangle de la gravure. Comparés à cet espace restreint, les deux autres tiers montrent des lignes de composition qui s'entrecoupent sans régularité de sorte qu'à l'impression de dominance invasive (deux tiers contre un tiers) s'ajoute celle de désordre et de confusion. Les chevaux paniquent, les yeux fous, les lames des épées et des lances partent dans tous les sens, tout comme les mouvements des hommes eux-mêmes. Personne n'est aligné, personne n'occupe une position comparable à celle de son voisin, leurs costumes sont des mélanges d'uniforme militaire et de costumes civils indigènes, et l'homme qui se tient au premier plan au centre, tournant le dos au spectateur, nu pied et en costume oriental, incarne bien l'anonymat de l'ennemi étranger sans visage. Le contraste entre les deux parties de l'image souligne bien l'inégalité de ce combat entre les Britanniques courageux, déterminés et organisés contre l'assaut des forces chaotiques adverses. Et comme la peur du chaos était probablement l'une des plus grandes frayeurs de la société victorienne, le message du dessinateur quant à la position et au rôle des forces britanniques dans un environnement indien est implicite mais clair.

Autre gravure remarquable pour sa signification profonde, celle du massacre des Anglaises et de leurs enfants à Jhansi [gravure]. Le centre de la scène, qui se déroule en rase campagne à l'extérieur de la ville entrevue dans le lointain, est occupé par un bébé anglais nu tenu par le talon par un soldat rebelle encore vêtu de son uniforme, dans une attitude rappelant le Massacre des Innocents par les soldats d'Hérode, en sorte que l'impression immédiate est celle non seulement de trahison mais aussi de martyre voire de sacrilège. Cette impression se trouve renforcée par la ligne des femmes au second plan, attachées aux palmiers qui s'élancent vers le ciel. Elles ont la poitrine dénudée face aux sabres des rebelles en tenue indigène. La sauvagerie de leurs meurtriers est accrue par les yeux exorbités et les regards fous de ceux-ci (en particulier le personnage de droite) et la cruelle lâcheté de ces tourmenteurs est accentuée par le fait que les officiers anglais, eux aussi attachés aux arbres mais encore complètement habillés, ont déjà été massacrés ou tués par derrière, cernés de toute part par un autre groupe de mutins plus ou moins dépenaillés. La violence des gestes, rendue par l'amplitude des mouvements, contraste avec la vulnérabilité des victimes immobilisées et la délicatesse des corps féminins indécemment exposés. Si l'on garde présent à l'esprit la vénération victorienne pour la femme, « ange du foyer » et la modestie requise dans le costume enveloppant tout le corps, les multiples aspects de l'outrage ainsi perpétré sont accentués pour susciter l'indignation comme la compassion du spectateur.

Dans ces représentations mettant en scène les agressions individuelles, l'isolement et la vulnérabilité des Anglais sont souvent soulignés. Citons par exemple la fuite éperdue du docteur Graham mortellement blessé dans un phaéton léger, découvert, exposé, s'éloignant au grand galop de sa maison incendiée. Le cheval a les yeux exorbités et un mouvement de tête affolé sous le fouet du fidèle serviteur indien, tandis que le blessé est soutenu par sa femme éperdue, le corps de celle-ci seulement recouvert d'une fine mousseline suggère sa fragilité comme le caractère soudain de la fuite. L'arrière-plan nocturne est sombre et seul s'en détache le groupe des assaillants qui tirent sur l'Anglais dans la lueur de la maison en flammes.

De telles scènes d'insurrection, de massacres, ou de meurtres se retrouvent en grand nombre à travers l'ouvrage, mais on y trouve aussi d'éloquentes scènes de représailles illustrant, pour citer le titre, *« Les grands événements militaires qui ont conduit à la consolidation de l'Empire britannique en*

Hindoustan. » Elles ne sont pas moins violentes et les sentiments qu'elles sont destinées à susciter sont toutefois plus ambivalents. Prenons par exemple la gravure dont l'euphémisme du titre ('Outlying Picket of the Highlanders' [illustration].) dissimule mal la sauvagerie de l'action représentée. Certes, les premiers plans montrent bien les Highlanders au repos, leurs armes en faisceaux, les bœufs de trait des canons paisiblement ruminant à quelque distance de ceux-ci, mais l'arrière plan éclairé d'un soleil couchant est tout-à-fait sinistre avec ses sept pendus à la même branche d'un arbre immense. Ce qui, à première vue, aurait pu passer pour une scène bucolique et paisible d'hommes au repos après une dure journée de labeur prend un autre sens puisque ce dur labeur s'avère être une exécution massive. Le dur labeur des Highlanders était en fait le châtiment des rebelles infligé par les soldats britanniques. Le calme de la scène exprime leur propre sens de la justice de leur mission. Celle-ci dûment accomplie, ils peuvent se détendre et se reposer dans la paix du soir. La violence contenue exprimée par les pendaisons et les armes maintenant inutiles s'oppose au paysage bucolique.

Une autre scène de justice punitive destinée à susciter respect et crainte des armes britanniques et soulignant ainsi la nature tragique des événements relatés est celle où l'on voit les rebelles mis en pièces ou attachés à la bouche du canon. La ligne droite formée par les Cipayes loyaux aux Anglais que l'on voit en arrière plan témoigne du fait que l'ordre a été rétabli. L'officier sur son cheval blanc respire l'autorité comme n'importe quelle statue équestre. Sa position tout comme celle des soldats au premier plan installe le spectateur à leurs côtés pour regarder le châtiment infligé aux traîtres parjures qui se sont mutinés. En fait, la gravure propose simultanément trois séquences de l'exécution de ce châtiment. Tout au fond, à l'arrière plan, les lambeaux de chair humaine s'éparpillent au vent, tandis que le plan médian montre un Cipaye rebelle attaché à la bouche du canon et regardant ces lambeaux, c'est-à-dire le sort qui l'attend, le centre de la gravure révèle un autre rebelle sur le point d'être lui-même attaché à l'embouchure du canon et regardant non sans arrogance ses bourreaux, alors que le premier plan montre plusieurs autres condamnés attendant leur tour dans une attitude plus soumise et plus accablée. Cette présentation séquentielle est parlante en soi puisqu'elle insiste sur le caractère répétitif et inéluctable des représailles britanniques et sur leur généralisation. En outre la terrible peine encourue n'est pas seulement la mort, c'est annihilation totale des rebelles, ne laissant aucune possibilité de funérailles à quelle que communauté qu'ils appartiennent. Tel est le châtiment destiné aux rebelles et aux meurtriers d'innocents. L'incroyable violence et l'inhumanité de la scène expriment l'inébranlable détermination des Britannique d'affirmer leur emprise et leur pouvoir sur tous ceux qui tentent de résister à leur autorité sur le pays. Et la position du spectateur dans cette gravure particulière, au sein même des troupes britanniques qui administrent le châtiment est un nouveau signe du jugement de l'illustrateur vis-à-vis de la tragédie décrite au cours des vingt et un chapitres de l'ouvrage. C'est bien au nom du public britannique qu'un tel châtiment est dispensé.

Charles Ball, rappelons-le, revendiquait une attitude objective et une exactitude factuelle certaines pour son récit, et la conclusion qu'il apporte à sa grande œuvre en est le témoin :

> *Nous avons retracé la révolte des sepoys de 1857, de ses débuts à la fin – en suivant pas à pas le chemin de l'infamie jusqu'à sa punition. Nous nous sommes souvenus qu'un récit honnête se déroule plus vite lorsqu'il est dit simplement.*[106] *Peut-être que moins d'attention fut accordée à l'ornementation et au style qu'aux détails. Ce n'est donc pas l'œuvre éloquente qu'attendaient certains mais elle présente tout de même au monde ces événements tirés de sources authentiques aussi justes pour ce qui est des dates et des faits que cela se pouvait à partir de rapports politiques, de dépêches militaires, de documents parlementaires soigneusement étudiés.[...]et nous espérons n'avoir rapporté que des faits afin que ces volumes figurent très dignement parmi les livres d'histoire de l'époque à laquelle ils appartiennent.*[107]

---

[106] W. Shakespeare. *Richard III*. Remarquons l'ironie dramatique involontaire d'une telle citation.

[107] Charles Ball. *The Indian Mutiny*..., II, 664.

Toutefois, puisqu'il n'y a pas de raison particulière de mettre en doute ses intentions conscientes ni sa bonne foi, cela pose la question de l'objectivité historiographique. Avec une telle insistance utilitariste sur les faits, sur les sources « scientifiques », pourquoi la partialité de l'écrivain est-elle si visible ? Même si Ball est soucieux de citer les différentes causes de la rébellion et de faire partager les responsabilités aux différents participants de ce drame, il ne fait aucun doute que le résultat final escompté était de justifier non seulement la ligne d'action suivie pour « consolider le pouvoir britannique » comme le souligne le titre de l'œuvre, mais aussi de poser les fondements moraux de la légitimité britannique en Inde. Cette position morale est renforcée par le pouvoir de l'image, par ces gravures qui toutes s'allient pour faire naître une suite d'émotions bien précises chez le lecteur et qui ne laissent guère place à l'impartialité. Les légendes des gravures sont plutôt neutres, mais le pouvoir de suggestion des illustrations s'accorde moins bien avec le ton du dernier paragraphe précédemment cité qu'avec les phrases liminaires de l'ouvrage :

> *Nous allons maintenant rapporter sur ces pages les horribles détails d'une série de catastrophes dans lesquelles le sang innocent répandu à flot est encore le moindre des maux à déplorer. Nous décrirons des atrocités qui font rougir le genre humain et qui ont souillé de façon indélébile les annales de l'histoire de l'Inde et son peuple par des crimes qui font honte à l'humanité.*[108]

La complexité de la situation en Inde à l'époque qui a été amplement discutée depuis les événements concernés est ainsi brouillée et ces gravures prises dans leur ensemble sont porteuses d'un message, d'une interprétation, qui fait pencher la balance du récit historique dans un sens bien précis. Non seulement dans les thèmes que l'artiste a choisi de représenter mais dans la composition iconographique des scènes retenues apparaissent les sentiments et les jugements personnels du

[108] Ibid., I. 33

narrateur comme de son illustrateur. Ainsi la perception que le lecteur-spectateur peut avoir des faits se trouve directement influencée et orientée en faveur de la vision du vainqueur.

Une fois le livre refermé, la mémoire visuelle de ces gravures laisse une impression finale conforme à la conception des colonisateurs britanniques et à la ligne historiographique dominante jusqu'à l'indépendance de l'Inde.[109] Ces illustrations, dues à l'imagination d'un auteur anonyme qui n'a pas été témoin des faits représentés ont probablement été inspirées par les récits et les témoignages contemporains précédents celui de Ball ou par les daguerréotypes relativement nombreux qui ont gagné l'Angleterre après la pacification, mais ils sont aussi révélateurs d'un état d'esprit plus général où se mêlent frayeur et incompréhension d'une nation tout entière confrontée à un choc de cultures qui la dépasse, et en cela certaines des illustrations du livre de Charles Ball, par leur caractère sensationnel, se rapprochent de celles parues au moment des faits dans des revues telles que *l'Illustrated London News.* Mais le corpus iconographique représenté par l'ensemble, avec les trois catégories de gravures que nous avons identifiées, va plus loin et raconte à lui seul, on pourrait presque dire de plein droit, **une** histoire de la Révolte des Cipayes qui met en évidence, selon les mots de Ball *« Les traces indélébiles qui souillent les annales de l'Histoire des Indes »*, *« les fleuves de sang innocent »* symbolisant aux yeux du colonisateur, pratiquement jusqu'à la fin du vingtième siècle, l'alpha et l'oméga de ce tragique épisode.

---

[109] A l'exception notable bien sûr du livre de V.D. Savarkar qui, dès 1909, fit référence à ces événements comme étant *The First War of Independence,* et qui, pour cette raison même, fut interdit par le gouvernement colonial jusqu'en 1947, date de l'Indépendance. (Voir G. Chakravarty. *The Indian Mutiny and the British Imagination* et Daniel F. Schultz & Maryanne Felter. "Contemporary perspectives on the Sepoy Mutiny ; http ://www.cayuga-cc.edu/people/faculty pages/felter/sepoy.htm ; 21.10.2006)

BIBLIOGRAPHIE:

Ball, Charles. *The History of the Indian Mutiny, giving a detailed account of the Sepoy Insurrection in India and a concise history of the great military events which have tended to consolidate British Empire in Hindustan,* Londres : London Printing & Publishing Company c.1859

Chakravarty, Gautam. *The Indian Mutiny and the British Imagination,* Cambridge : Cambridge University Press, 2005, 215-236.

Daniell, Thomas et William. *Oriental Scenery*, Londres : Act Directs, 1801.

Savarkar, V.D. *The Indian War of Independence in 1857*, (première édition 1909), Bombay : Phoenix, 1957.

Schultz, Daniele F. et Maryanne Felter. . "Contemporary Perspectives on the Sepoy Mutiny ; http ://www.cayuga-cc.edu/people/faculty pages/felter/sepoy.htm ; 21.10.2006

CHAPITRE VIII

JHANSIR RANI DE MAHASWETE DEVI, FIGURE FEMININE DE LA RESISTANCE ULTIME

Geetha Ganapathy-Doré, Université Paris 13

Rien n'est plus facile pour une femme postcoloniale que d'évoquer le nom de Lakshmi Bai, la reine de Jhansi, dans le contexte de la commémoration de la rébellion de 1857[110], tant le lien de sa destinée avec l'histoire de cette révolte est évident et inextricable. La situation particulière de la principauté de Jhansi[111] qui avait conclu une alliance avec la Compagnie britannique des Indes, mais qui néanmoins fut frappée par la doctrine de Dalhousie, la perception par la reine de l'aspiration de son peuple à rester maître de son destin et sa capacité unique à combler ce vide politique par une transgression habile du rôle social et sexuel qui lui a été imposé, et ce à un tournant historique, résultent d'une conjoncture singulière dans laquelle Lakshmi Bai fut poussée vers un dépassement de soi qui s'acheva dans une fin héroïque et tragique. Une autre figure de la résistance contre le pouvoir britannique, antérieure et française, vient immédiatement à l'esprit, Jeanne d'arc. Du

[110] Rappelons ici le nom de Veerapandiya Kattabomman (1760-1799) qui refusa de payer des taxes à la compagnie britannique des Indes et qui donc a été pendu par eux et les frères Maruthu Pandiyar qui proclamèrent l'indépendance de leur principauté à Trichy dès 1801.

[111] Située dans la partie sud-ouest de l'actuel Uttar Pradesh.

reste, l'adversaire britannique de Lakshmi Bai, le commandant Hugh Rose, l'a appelée la Jeanne d'Arc indienne et l'écrivain G.M. Fraser l'a comparée à une amazone. Lakshmi Bai a aussi été comparée à la reine des Icéniens, Boadicée, qui opposa une résistance celtique au pouvoir impérial des Romains en l'an 60 de notre ère. Mais rien n'est plus difficile que de saisir la portée de son action, tant la motivation de sa passion politique reste énigmatique.

Pour les hommes et les femmes nés dans une Inde libérée du joug colonial, la reine de Jhansi est une figure emblématique de la liberté, du courage, de l'intelligence et de la puissance. Subhash Chandra Bose, lorsqu'il créa le régiment féminin de son armée indienne nationale en 1943, le baptisa de son nom. La participation de la reine de Jhansi à la résistance nationaliste est narrée dans tous les livres scolaires. C'est une légende vivante dans les ballades populaires de la région. Un des tournois majeurs du cricket féminin en Inde porte son nom, le trophée Jhansi Rani.

Au delà de cet héritage symbolique, cet article s'attachera à d'abord expliquer le charisme de la reine de Jhansi du point de vue indien, à étudier ensuite l'ambivalence du regard des colonisateurs qui voient en elle tantôt une guerrière vaillante, tantôt une femme dévergondée et à analyser enfin la démarche de Mahasweta Devi qui retrace la vie de la reine en s'inspirant à la fois de documents écrits et de sources orales. Quelques références seront faites aux films existants et à venir sur la reine de Jhansi pour mettre en lumière les jeux obscurs du sexe, de la violence et du pouvoir dans l'Inde coloniale avant d'évoquer quelques figures contemporaines de la résistance ultime à la mondialisation qui n'est qu'une subtile métamorphose de l'empire mercantile.

I) LA VIRANGANA, CONTRE-PARADIGME DE LA SATI :

La coupure épistémologique opérée par les Grecs anciens entre *nomos* et *physis* a condamné les femmes à un rôle passif et domestique même si quelques contre-exemples tels qu'Archippè de Kymè et Hypatie existent. L'Inde ancienne, par contre, croyait que l'énergie était du côté féminin alors que le masculin représentait la substance statique. Des invasions étrangères successives ayant par la suite bousculé ce système de croyance, la femme a été soumise aux règles immuables du patriarcat. Le don de la femme en mariage à un très jeune âge, l'accent mis sur la nécessité de donner naissance à un descendant de sexe masculin, l'immolation de l'épouse sur le bûcher funéraire de son mari, ses droits si limités en ce qui concerne l'héritage familial sont autant de traits caractéristiques du patriarcat. Parallèlement à ce virage patriarcal perdurait néanmoins un pouvoir féminin. Les avatars de la déesse mère dans son incarnation de Durga ou Kali ou Bhavani sont des archétypes de ce dernier. Kathryn Hansen, dans son étude sur la tradition théâtrale (*nautanki*) du nord de l'Inde, attire notre attention sur le versant littéraire de la déesse vengeresse, la *virangana* ou la femme guerrière dont Chitra de Tagore est un célèbre exemple. Hansen nous explique la signification de cette figure en la contrastant avec l'idéal de la *sati*. La *sati* approuve l'anéantissement du corps de la femme et rehausse la souffrance passive tandis que la *virangana* valorise l'entraînement du corps et sa mise en œuvre dans le combat.

Le statut social de la *virangana* n'est pas déterminé par sa relation avec un homme en tant que femme, veuve ou maîtresse. Dans la mesure où ses qualités ne sont pas réduites aux transactions sexuelles du corps féminin, nous dit Hansen, ses relations sexuelles ne peuvent entacher sa vérité. Alliant à la fois la puissance corporelle, la force morale et la liberté sexuelle, la *virangana* constitue le contre-paradigme de la féminité indienne, affirme Hansen (189)[112]. Pourquoi s'accommode-t-on d'un tel écart de la norme ? C'est que la *virangana* survient non seulement quand la force est requise mais à un moment où l'ordre moral a besoin d'être restauré[113]. Comme la déesse toute-puissante, elle exprime son énergie créatrice pour forcer sa société à revenir dans le droit chemin. Sa violence ne relève pas d'une mission destructrice. Elle est au service de la justice. Dans la mesure où le maintien de la justice

[112] Sangeeta Ray dit la même chose quand elle analyse la Reine de Jhansi comme le double de Seeta dans le roman de Meadows Taylor (Ray, 75).

[113] Cf. Le discours de Ségolène Royal sur l'ordre juste et la colère qu'elle a manifestée lors de son débat télévisé avec Nicolas Sarkozy.

est une prérogative royale, la *virangana* porte les insignes de cette fonction. Elle est souvent représentée enfourchant un cheval, habillée d'une tunique et de pantalons, portant un turban qui cache ses cheveux et brandissant une épée au-dessus de la mêlée. Son appropriation des signes masculins transcrit son affranchissement de la moralité féminine basée sur la chasteté et sur la soumission pour aller vers une moralité plus large permise aux hommes (Hansen, 193).

Hansen cite Razia Sultana, Kurma Devi, Durgavati, Tarabai, Ahalyabai et Lakshmibai comme exemples des femmes indiennes qui ont renoncé volontairement à la *sati* pour devenir des régentes. Venant des quatre coins de l'Inde, toutes ces femmes ont partagé un certain nombre d'expériences communes. Elles ont été très souvent entraînées par leurs pères. Elles ont été formées non seulement dans l'art de l'épée ou de l'équitation mais aussi dans l'art de l'écriture et de la lecture. A la mort d'un parent du genre masculin, elles ont assumé une position de pouvoir. Très souvent elles étaient habillées en homme. Leur administration fut efficace, généreuse et juste. Elles ont souvent trouvé leur mort dans l'honorable défense de leur royaume contre l'envahisseur (Hansen, 189).

La biographie de la reine de Jhansi est conforme au modèle de la *virangana*. Née le 21 novembre 1835 à Bénarès dans une famille brahmane originaire du Maharashtra, région connue pour sa résistance au pouvoir moghol et anglais, mais établie à Bithur dans l'actuel Utter Pradesh, ayant perdu sa mère à deux ans, Manikarnika a été élevée par un père érudit. Très jeune, elle s'initie à l'art de l'équitation et sait même dépasser le prince Nana Saheb dont on dit qu'elle est éprise. Un jour il refuse de l'emmener promener à dos d'éléphant. Blessée, elle rêve de posséder dix fois plus d'éléphants que lui. La chance sourit à cette fille de brahmane pauvre en 1842 quand Gangadhar Rao, le raja de Jhansi, de vingt-et-un ans son aîné, l'épouse en secondes noces. Devenue Laskhmi Bai à la suite de son mariage, elle vaque à ses occupations toutes féminines et donne naissance à un enfant en 1851 qui meurt à l'âge de trois mois. Son mari qui, comme Wajid Ali Shah de Lucknow, s'intéresse plus au théâtre qu'aux affaires de la principauté, tombe malade et adopte in extremis un enfant de cinq ans avant de mourir en 1853. En vertu des traités que ses aïeux ont conclus avec les Anglais en 1804 et 1817, ils doivent en principe avaliser cette adoption. Ils refusent et annexent le territoire. Pour comble de malheur, ils reconnaissent Damodar comme héritier des biens personnels du défunt, réduisant ainsi la marge de manœuvre de la reine à qui ils octroient une pitoyable allocation mensuelle. Lakshmi Bai, ulcérée, envoie alors des *kharitas* (courriers) à Dalhousie et à Londres. Elle n'est pas entendue. Tout en comptant sur la réputation de la reine comme bouclier pour protéger leurs intérêts, les Anglais jouent un double jeu et soutiennent la reine d'Orchcha qui a des vues sur Jhansi.

Pendant ce temps, la reine consolide son pouvoir auprès de ses sujets et initie les femmes à l'art militaire. C'est alors que la révolte des cipayes éclate et gagne aussi Jhansi. Les Anglais de Jhansi sont massacrés le 8 juin 1857. La reine n'a pas comploté contre les Anglais mais ils l'accusent de perfidie. Les principautés rajpoutes de Datia et d'Orchcha profitent de la vulnérabilité de la reine pour attaquer Jhansi. Quand l'occasion se présente pour redresser le tort dont elle fut victime, Lakshmi Bai saisit l'occasion et organise la riposte avec l'aide de plusieurs autres chefs. Le commandant Hugh Rose est envoyé pour prendre Jhansi. Il ordonne le *bijan* (massacre). Contrainte de fuir Jhansi, la reine conseille à ses amis de s'emparer de Gwalior pour mieux résister aux Anglais. Trahie par au moins deux de ses employés qui espionnent pour le compte des Anglais, la reine meurt dans le feu de l'action à Kotah-ki-Sarai le 17 juin 1858, précédée de quelques secondes par sa suivante Mandar.

Le point de vue indien qui ressort de témoignages contemporains, comme celui de Vishnu Bhatt Godse, un prêtre brahmane officiant à la cour de la reine, ne fait que renforcer son statut de dame de fer. Très connue est sa réplique[114] « *Apni Jhansi nahi dungi* » (A vous, je ne donnerai pas Jhansi) qu'elle a faite au Major Ellis. Une autre variante de cet énoncé fameux serait : « *Meri Jhansi doongi nahin* » (Ma Jhansi, je ne vous la donnerai pas). Cet énoncé, quelle que soit sa forme, est historique et percutant – parce qu'il est énoncé par une femme,

---

[114] Sa force est semblable à celle de la célèbre déclaration de Margaret Thatcher en 1980 « The lady is not for turning ».

indienne et veuve, à un homme blanc représentant l'empire et parce qu'en disant non, la subalterne s'affirme en tant que sujet parlant. Néanmoins, il convient de constater que la première version de l'énoncé met l'accent sur le territoire en soi alors que la deuxième version insiste sur le titre de propriété de la reine de ce territoire. Etant donné le degré d'identification que manifestait la reine à son territoire, on peut logiquement supposer que la première version, qui utilise le vouvoiement poli, qui met la négation avant le verbe et que son système de rime interne rend plus saccadée, est la bonne. La deuxième version paraît un tantinet plus banale. Peut-être était-elle une reprise destinée à son cercle intime.

Lakshmi Bai refusa la sati[115], conserva ses cheveux, ne cassa pas ses bracelets comme le voulait la tradition et n'observa le deuil que pendant treize jours, la période minimale exigée par la coutume. Rappelons pour mémoire que la sati fut interdite dès 1829 par les Anglais et que la loi sur le remariage des veuves a été promulguée en 1856. Le récit de Vishnu Bhatt Godse[116] décrit la discipline quasi militaire de la vie quotidienne de Lakshmi Bai en tant que veuve.

> *Elle se levait dès 3h du matin. Après ses ablutions habituelles, elle se consacrait à la méditation jusqu'à 8h. Les trois prochaines heures étaient allouées à l'administration politique et militaire, suivies de la distribution des aumônes aux besogneux et démunis. Elle déjeunait à midi et écrivait le nom de Rama 1100 fois avant de réapparaître à la cour. L'après-midi était consacré à l'administration de la justice et des revenus et à la comptabilité. Du crépuscule au soir, elle assistait à la lecture de textes sacrés. Elle se retirait enfin après un bain et un simple repas.*

Les préparations de la reine pour faire face à l'attaque des Anglais furent systématiques et délibérées :

---

[115] Un autre exemple d'une femme qui refusa la sati est Rani Mangammal 1689-1704, la reine de la dynastie Nayak de Madurai au Tamil Nadu.

[116] Ma traduction du texte cité dans les pages web d'Allen Copsey.

Les murs de la ville ont été réparés et renforcés. Elle a enrôlé tous les volontaires qui se sont présentés et les a placés aux endroits stratégiques. Les bastions et les tourelles ont été gardés jour et nuit. Des tonnes de riz et de grains ont été cuisinées et stockées pour être distribuées aux pauvres. De larges quantités de beurre, riz, sucre et d'autres victuailles ont été mises de côté pour les soldats et les sujets. Tout l'argent disponible a été fondu pour frapper des monnaies. Des messagers spéciaux ont été envoyés à Rao Saheb et Tatya Tope pour demander de l'aide.

Le code secret des chappattis et des feuilles de lotus a été inventé par la reine, dit-on. Le fait qu'elle avait pensé à tromper les Anglais en faisant évoluer un sosie d'elle-même, Jhalkari Korin, était une preuve de plus de sa supériorité stratégique.

La reine Lakshmi Bai est une figure magique et mythique dans la région de Bundelkhand dont Jhansi est le chef-lieu. Les chansons populaires décrivent l'alchimie qu'elle réalisa en transformant l'argile en soldats, le bois en épée et le rocher en chevaux pour atteindre Gwalior. La ballade récente écrite par Subhadhra Kumari Chauhan loue la façon dont une nouvelle jeunesse a été insufflée à l'Inde éternelle par la reine de Jhansi qui livra bataille comme un homme contre les Anglais, reprenant à son compte la remarque de Hugh Rose que la reine était un homme parmi les mutins.

II) ENTRE ROMANCE ET PERVERSION, LE REGARD ANGLAIS :

Pour les Anglais habitués aux conventions des romances médiévales, tous les ingrédients étaient réunis dans l'histoire de la reine de Jhansi. D'une part, comme leur propre souverain était une reine à cette époque, ils manifestèrent une grande déférence à l'égard de la reine de Jhansi, son double miniaturisé, exotique et accessible. D'autre part, la jeune reine était veuve et fragile. Ils croyaient qu'elle avait besoin d'être secourue par un chevalier blanc à cause aussi bien du traitement injuste de la Compagnie des Indes que des coutumes locales barbares. Le fait qu'ils pouvaient converser avec elle en hindi les rapprochait mutuellement. Le fait qu'elle parlait avec eux au début depuis le *purdah* ajoutait à son mystère. Sa beauté stimula la fantaisie érotique des soldats britanniques. Aussi bien les personnes qui l'ont vue que les romanciers qui ne l'ont jamais vue évoquent sa beauté troublante.

Le dévoilement en guise de témoignage de John Lang[117], un avocat consulté par la reine en 1854 à propos de ses réclamations légitimes, fut le point de départ d'embellissements futurs comme ce passage de George Macdonald Fraser :

> *Les rideaux n'ont été écartés, il est vrai, qu'un court instant. Mais je l'ai vue suffisamment pour pouvoir la décrire. Elle était de taille moyenne, plutôt ronde mais pas trop forte. Son visage avait dû être beau quand elle était plus jeune. Il avait encore de réels attraits à présent, quoique, d'après ma conception de la beauté, il était trop rond. L'expression de son visage était bonne et très intelligente. Les yeux étaient particulièrement bien tracés et son nez délicatement sculpté. Elle n'était pas claire de peau, mais sa peau était loin d'être noire. Etrangement, elle ne portait aucun bijou sauf des boucles d'oreilles en or. Son habit était fait de mousseline blanche, sa texture était si fine, ce tissu était drapé si près du corps qu'on pouvait en discerner nettement la forme. Son corps était très beau.*

John Lang ajoute néanmoins une remarque sur la voix de la reine disant qu'elle était la voix d'une vieille femme à mi-chemin entre une plainte et un croassement. La reine de Jhansi ainsi aurait-elle était une sorte de « drag queen » ? Un attrait supplémentaire pour lequel son homosexuel de mari aurait consenti à l'épouser ? Mais certains auteurs tels que John Norman Hector Maclean, qui écrivit sous le pseudonyme de Gilliean, ou l'auteur français Michel de Grèce n'insistent pas tant sur la beauté hermaphrodite de la reine que sur la polarité entre l'homme blanc et la femme orientale qui constitue matière à romancer. Pour les auteurs de l'époque, le cas inverse, c'est-à-

---

[117] Ma traduction du texte cité dans les pages web d'Allen Copsey.

dire, l'attirance qu'éprouve un homme brun vis-à-vis d'une femme blanche équivaut à un viol, le viol lui-même signifiant un assaut contre l'empire. *The Wife and The Ward* (1859) d'Edward Money, un officier de l'armée en poste en Inde à l'époque de la révolte des cipayes, montre Nana Saheb désirant une jeune héroïne blanche qui se fait tuer par un officier anglais amoureux, à Kanpur même, préférant la mort au déshonneur[118].

Sir Hugh Rose, qui avait eu l'occasion de rencontrer la reine sur le champ de bataille, en dresse un portrait régalien et guerrier (cité par Paxton, 143) :

> *Habillée d'une tunique rouge, de pantalons rouges et d'un turban blanc, portant le célèbre collier de perles de Scindia qu'elle a pris dans son trésor et des anneaux de chevilles en or massif.*

Même si ce portrait valorise indirectement la vaillance de l'auteur lui-même qui a su relever le défi, il semble tout de même montrer l'esprit 'fair play' des Anglais.

La personne de la reine de Jhansi semble avoir particulièrement frappé l'imagination des écrivains anglais de sorte que Julian Rathbone, dont le roman *The Mutiny* est paru en 2007, se sent obligé d'inclure la reine de Jhansi comme instigatrice de la révolte ainsi que son sosie anglo-indien sous le nom fictif d'Uma Blackstock[119]. Nancy Paxton, qui a étudié l'écriture coloniale sur l'Inde, relève trois romans, *The Afghan Knife* d'Armitage Sterndale (1879), *The Queen's Desire : a Romance of the Indian Mutiny* de Hume Nisbet (1893) et *The Star of Fortune : A Story of the Indian Mutiny* de J.E. Muddock (1894) où figure la reine de Jhansi. Dans le premier, la motivation de la résistance de la reine du royaume fictif d'Asalgurh est attribuée non seulement à l'injustice des Anglais dont elle est victime mais aussi à une jalousie sexuelle furieuse

[118] Il s'agit d'une sati à l'anglaise.

[119] Jhalkari Bai, le sosie de la reine, quoique métisse, était considérée comme une femme de basse caste (Dalit). Bhawani Shankar Visharad, *Virangana Jhalkari Bai*, Aligarh : Anand Sahitya Sadan, Sidharth Marg, 1964. Le centre d'études sur la condition et le développement des femmes de l'université de Bundelkhand a pris son nom en son honneur.

puisque que son ami de longue date, Nana Saheb, loge dans le fort de Jhansi avec, sans en avoir demandé l'autorisation, l'Anglaise Grace Lufton (l'héroïne du roman) afin de la persuader de devenir son épouse. De son côté, la reine accorde sa protection à un jeune soldat anglais efféminé, Wigley. Le roman de Hume Nisbet met scène un militaire anglais, George Jackson, qui est détenu comme prisonnier par la reine. Littéralement captivé par elle, il devient son amant et songe même à déserter son camp et à se joindre à l'armée rebelle avant de se ressaisir et de regagner son régiment. Il n'hésitera pas à tuer la reine de Jhansi pour se racheter. La reine de Jhansi est l'ennemie amère et endurcie des britanniques chez J.E. Muddock. Elle est représentée d'une part comme une marionnette des Anglais et d'autre part comme un animal blessé. Avide de pouvoir, hypocrite, astucieuse, calculatrice, la traîtresse attend son heure pour se venger. Son rêve sauvage est de s'affirmer comme un des souverains les plus puissants de l'Inde d'après le narrateur. Cette sorcière sans merci ordonne le massacre des Anglais à Jhansi. Le narrateur l'instrumentalise pour dénouer son intrigue qui met en scène deux prétendants qui s'affrontent pour la main de Hester Dellaby, une Anglaise qui habite Meerut. Jack Hallett, puni par la reine de Jhansi pour son arrogance, meurt après avoir tué un cipaye. Le vaillant capitaine Sandon rentre en Angleterre et retrouve sa dulcinée.

Ces différentes représentations de la reine en disent plus sur leurs auteurs que sur elle-même. Le code chevaleresque et militaire que certains de ces auteurs avaient intériorisé les font s'incliner devant l'autre racial et sexuel qu'est la reine. Mais la peur du féminin et de la mère archaïque prend parfois le dessus. La reine de Jhansi sert alors d'exutoire pour exorciser ces anxiétés masculines. Contrairement aux femmes britanniques inhibées par leur pudeur victorienne, la reine était une Jézébel indienne, vu la façon dont elle s'habillait en laissant deviner les contours de son corps. *Mariam* (1896) de J.F. Fanthorne présente néanmoins une perspective interculturelle sur la révolte des cipayes. Le narrateur parle du point de vue d'une memsabib qui a trouvé refuge d'abord dans une maison hindoue et ensuite dans un zénana musulman. Cette proximité[120] forcée initie toutes les femmes à la culture de l'autre au lieu d'attiser la rivalité entre elles.

III) LA DEMARCHE POSTCOLONIALE ET FEMINISTE DE MAHASWETA DEVI :

Après avoir écrasé la révolte des cipayes, les Anglais ont censuré toute tentative d'écrire sur les évènements. Le célèbre romancier bengali Bankimchandra Chatterji renonce à l'idée d'esquisser le personnage de la reine par peur d'offusquer les maîtres du lieu. Le récit de sa vie fait par Dattratreya Balwant Parasnis en 1894 n'est pas à la portée de tout le monde puisqu'il fut écrit en marathi. Quand Vinoyak Damodar Savarkar publie en 1909 sa vision de la Première guerre indienne d'indépendance, son livre est immédiatement banni par le pouvoir colonial. En Inde après l'indépendance, Mahasweta Devi tombe sur ce livre dans la bibliothèque de son oncle à Bombay où elle s'est rendue pour accompagner son mari qui a reçu des commandes pour écrire des scénarios de films. De retour à Calcutta, les souvenirs de la reine la hantent. Son histoire que sa grand-mère lui a racontée comme un conte de fées remonte à la surface. Le film de Sohrab Modi sort à cette même époque. En tant que femme éprise de liberté Mahasweta Devi ne peut que s'identifier à la reine Lakshmi Bai. Elle entreprend donc de cerner la femme derrière la figure historique devenue légendaire. Elle consulte les livres d'histoire écrits aussi bien par les Indiens que les Anglais sans oublier les archives de l'Inde coloniale. Elle se rend surtout à Jhansi pour s'imprégner de l'ambiance et écouter les récits oraux. Elle se lie d'amitié avec Govindrum Chinatamani També, le petit-fils de la belle-mère de la reine Lakshmi Bai et avec d'autres descendants. Ainsi est né le premier livre de la grande écrivaine sur une autre femme pionnière indienne. Sa démarche s'inscrit clairement dans la méthodologie des études subalternes.

---

[120] Cf. l'intrigue de *Junoon* de Shyam Benegal (1979) cité par Beena Anand. La trajectoire d'Ulrika Wheeler évoquée par Gautam Chakravarty dans son livre est semblable à celle de Mariam.

Divisée en vingt cinq courts chapitres, la biographie de Mahaswata Devi propose un récit linéaire. Elle commence par expliciter l'arrière fond historique de Jhansi[121], un très petit territoire mais fort riche, revêtu d'une importance stratégique, qui, pris dans un conflit entre la communauté des Rajpoutes et celle des Marâthes, accepte l'arbitrage de la Compagnie britannique des Indes. En 1832, William Bentinck gratifie le *subedar* (gouverneur) de l'époque, Ramachandra Rao, du titre de Maharajah. Le statut de principauté de Jhansi est la conséquence de cette cérémonie. Mahasweta Devi compare Lakshmi Bai à la déesse Bhairavi et la présente donc dans sa splendeur plurielle, d'abord à travers ses différents noms, Manikarnika, Manu, Chhabeli, Lakshmi Bai, ensuite à travers ses différents titres, Maharani, Rani, Bai Saheba, Shazada et enfin à travers ses différents rôles, fille, épouse, mère, veuve, mère adoptive, amie, souverain, chef armé, patriote. Néanmoins elle s'emploie à démythifier son personnage en l'évoquant dans sa réalité de femme en chair et en os. Ainsi, nous connaissons les formes de croissant de lune et d'étoile tatouées sur son front, la couleur bleue de sa tenue et la couleur blanche de son sari, sa préférence pour le couteau plutôt que pour le pistolet, ses rapports avec ses chevaux, Sarangi et Rajratna, ses canons et ses compagnons d'armes tels Gulam Ghaus, Khudabaksh et Moti Bai. Mahasweta Devi insiste aussi sur le fait que Laskhmi Bai était tout le contraire d'un despote oriental. Elle traitait avec équité ses sujets, qu'ils soient femmes ou hommes, riches ou pauvres, hindous ou musulmans. On peut peut-être reprocher à l'auteur de projeter une vision quasi-communiste des liens qu'entretient la reine avec ses sujets. De la même manière, quand Mahasweta Devi discrédite la rumeur de l'idylle juvénile entre la reine et Nana Saheb disant qu'il y avait un écart d'âge trop important entre eux, elle semble oublier le fait que Lakshmi Bai était mariée à un homme de vingt-et-un ans son aîné. Le risque de toute biographie est qu'elle peut parfois virer à l'hagiographie.

Mais là où excelle Mahasweta Devi, c'est dans l'explication du contentieux juridique entre la reine et la Compagnie britannique des Indes. La guerre des mots précède en effet le

[121] Jhansi veut dire « brouillard » en hindi.

conflit armé. Le traité d'origine conclu en 1817 entre Ramachandar Rao et les Anglais reconnaît ses enfants et ses héritiers (aussi bien le *warishan,* enfant lié par le sang que le *janishinan*, enfant adoptif extérieur au clan) comme futurs princes légitimes de la principauté de Jhansi. En choisissant un enfant de son clan comme son fils adoptif, Gangadhar Rao essaie de contourner la doctrine du « *lapse* » qui a rendu caduc le traité de 1817. Mais le commandant D.A. Malcolm soutient qu'il ne s'agit pas d'une succession mais d'une adoption simple en démontrant que Damodar est un descendant de la cinquième génération de l'ancêtre du clan et que la lignée de Shivrao Bao[122] est éteinte. Sur la foi de ces arguments, Dalhousie décide d'appliquer la doctrine du « *lapse* » en renversant la lettre et l'esprit du contrat initial. Les précédents que cite la reine dans son *charita* montrent clairement que les Anglais pratiquent deux poids deux mesures. La reine semble prise dans un entre-deux juridique intenable. Les systèmes hindou, musulman et anglais entrent en conflit. Les Anglais distinguent nettement entre la principauté et les propriétés privées (*khasgi*) du défunt. Le droit hindou Mitakshara ne donne à la veuve d'un défunt sans enfants que la jouissance des biens de son mari pendant la durée de sa vie. Les héritiers masculins de la famille étendue pouvant prétendre à la succession complotaient très souvent pour mettre fin à la vie de la veuve si elle ne s'était pas déjà immolée sur le bûcher funéraire de son mari. C'est ce qui se produisit dans le cas de Lakshmi Bai qui fut obligée de contrecarrer le coup d'Etat de Sadashiv Rao, un parent de son mari, en l'emprisonnant dans son fort le 13 juin 1857. La reine de Jhansi a ou aurait ainsi mis en pratique les quatre méthodes pour régler un différend envisagées par Kautilya dans *l'Artha Sastra* : la conciliation, les dons, la politique qui consiste à diviser pour mieux régner et les représailles sous forme de lutte armée. Elle s'est battue jusqu'au bout contre le patriarcat, hindou, musulman et anglais. C'est grâce notamment à cette implication totale de la reine Lakshmi Bai que « *la figure de la femme hindoue commence à fonctionner comme un lieu sémiotique crucial dans lequel et autour duquel les discours sur l'impérialisme, le nationalisme, le postcolonialisme et le*

[122] Le frère de Raghunath Hari, le premier subedar de Jhansi.

féminisme indiens s'inscrivent d'une manière complexe après 1857 », comme le remarque à juste titre Sangeeta Ray dans son livre *En-gendering India.*

CONCLUSION :

La variation la plus récente de la figure de la *virangana* n'est pas la femme politique comme Indira Gandhi ou la femme entrepreneuse comme Kiran Majumdar. D'après Kathryn Hansen, que nous avons citée précédemment, c'est la femme hors-la-loi, telle Phoolan Devi, la reine des bandits. Le fait qu'une troupe de fidèles la suive l'apparente à la reine qui a un peuple sous sa férule. La reine des bandits est une femme dotée d'un courage indomptable. C'est une exécutrice sans merci au service de la justice. Les reines des royaumes indiens d'avant l'indépendance s'opposaient aux forces ennemies du groupe ethnique, racial ou religieux autre. Mais la reine des bandits du XXe siècle est typiquement issue des basses castes et lutte contre la police et les riches propriétaires terriens afin de défendre les laissés-pour-compte de la société agraire. Elle est donc célébrée dans la littérature et le cinéma, tout comme la reine de Jhansi. En effet, le premier film en couleur du cinéma hindi est *Jhansi ki Rani de* Sohrab Modi (1952). Ketan Mehta, le réalisateur de *Mangal Pande* est en train de tourner son *Jhansi ki Rani* avec Aishwarya Rai, Miss Monde 1994, dans le rôle de la reine. Quant à Miss Univers 1994, Sushmita Sen, elle est en train de produire un film en anglais sur la reine dont la pertinence n'a pas pris une ride. Sushmita Sen projette de jouer le rôle de la reine elle-même. Mais, plus que ces reines de beauté, les héritières symboliques de la reine de Jhansi au XXIe siècle sont les militantes anti-mondialistes telles que Medha Padkar, Arundhati Roy ou Vandana Shiva qui résistent à l'impérialisme américain caché sous une mondialisation au service des entreprises.

BIBLIOGRAPHIE :

CARTER, Mia & HARLOW, Barbara. *Archives of Empire : From the East India Company to the Suez Canal*. Durham : Duke University Press, 2003.

CHAPMAN, Joyce Lebra. *The Rani of Jhansi, A Study in Female Heroism in India*. Honolulu : University of Hawaii Press, 1986.

CHAKRAVARTY, Gautam, *The Indian Mutiny and the British Imagination*, Cambridge : Cambridge University Press, 2005.

CHAUHAN, Subhadhra Kumari, *Jhansir Rani*. 1930. Traduction anglaise disponible au http ://oldpoetry.com/opoem/41054-Subhadra-Kumari-Chauhan-Jhansi-Ki-Rani--With-English-Translation-

COPSEY, Allen. Pages web très riches sur la reine de Jhansi http ://www.copsey-family.org/~allenc/lakshmibai/index.html

DE GRECE, Michel. *La femme sacrée, le roman de la Rani de Jhansi*. Paris : France Loisirs, 1984.

DEVI, Mahasweta. *The Queen of Jhansi*, (traduit du bengali en anglais par Sagaree et Mandira Sengupta). Calcutta, Seagull, 2003 (première édition de la traduction en 2000 du livre paru en bengali en 1956).

FANTHORNE, J.F. *Mariam ; A Story of the Indian Mutiny*. Bénarès : Chandraprabha Press, 1896.

FRASER, George MacDonald, *Flashman in the Great Game*. Londres : Harper Collins, réimpression 2006.

HANSEN, Kathryn. *Grounds for Play : The Nautanki Theatre of North India*. Berkeley : University of California Press, 1992, surtout 188-198. Texte pouvant être lu au http ://ark.cdlib.org/ark :/13030/ft9v19p2qq/

HOMANS, Margaret et al (eds). *Remaking Queen Victoria*. Cambridge : Cambridge University Press, 1997, notamment l'article de Maria JERENIC, "How We Lost the Empire : Retelling the Stories of the Rani of Jhansi and Queen Victoria". 123-139.

MACLEAN, John Norman Hector (under the penname Gillean). *The Rane, a Legend of the Indian Mutiny*. Londres : G. Cohen and Co, 1887.

MALGONKAR, Manohar. *The Devil's Wind : Nana Saheb's Story*. New Delhi : Penguin, réimpression 1989.

MUDDOCK, J. *The Star of Fortune : A Story of the Indian Mutiny*. Londres : Chapman and Hall, 1895. Texte pouvant être téléchargé à : http ://womenwriters.library.emory.edu/genrefiction/cti-tgfwfw-jmstar_12012

NISBET, Hume. *The Queen's Desire. A Romance of the Indian Mutiny*. Londres : F.V. White and Co,1893.

PAXTON, Nancy L. *Writing Under the Raj : Gender, Race, and Rape in the British Colonial Imagination, 1830-1945*. New Jersey : Rutger's University Press, 1999.

RANA, Bhawan Singh, *Rani of Jhansi*, New Delhi : Diamond Pocket Books, 2005.

RATHBONE, Julian. *The Mutiny*. Londres : Little Brown & Co., 2007.

RAY, Sangeeta, *En-gendering India*. Durham : Duke University Press, 2000.

SEN, Mala. *India's Bandit Queen : True Story of Phoolan Devi*. The Harvill Press, 1991.

SHARPE, Jenny. *Allegories of Empire. The Figure of Woman in the Colonial Text.* Minneapolis : University of Minnesota Press, 1993.
STERNDALE, Armitage. *The Afghan Knife*, New York : Brentano's, 1899.
TAHMANKAR, D.V. *The Ranee of Jhansi.* Londres : MacGibbon and Kee, 1958.
TAYLOR, Meadows. *Seeta.* New Delhi : Asian Educational Services, réimpression 1988.
WHITE, Michael, *Lachmi Bai, Rani of Jhansi : The Jeanne d'Arc of India*, New York : J.F. Taylor, 1901.

Filmographie

KAPUR, Shekhar. *Bandit Queen.* 1994.
MEHTA, Ketan *Jhansi ki Rani*, film en langue hindi à paraître.
MODI, Sohrab, *Jhansi ki Rani,* film en langue hindi, 1952.
SEN, Sushmita, *Rani of Jhansi*, film en langue anglaise à paraître.

CHAPITRE IX

HISTOIRE ET MUSIQUE DANS LE CINEMA INDIEN

B. Anand, UHP Nancy 1

Dans le cinéma indien où le milieu social dépeint est celui des ménages musulmans, il existe une tendance générale à assimiler l'ourdou à la langue de communication générale et à la poésie. Ce facteur occupe la scène dans les films sur la vie des courtisanes. Lorsque nous nous approchons de la troisième catégorie de films, c'est à dire des films avec un contexte historique (à savoir l'ère moghule), et des succès éternels au box office indien que sont *Anarkali* (1953), *Mughal Azam* et *Taj Mahal* (1965), nous touchons à notre sujet. Toutefois, l'équation ourdou-Islam n'est pas aussi simple que cela semble. L'hindi et l'ourdou ont été des langues sœurs, liées spécifiquement aux populations des régions du nord de l'Inde, avec une grammaire et un vocabulaire de base communs. Avec le temps, la différence de vocabulaire (de diverses sources linguistiques, le sanskrit pour l'hindi, le persan, l'arabe et le turc pour l'ourdou) est devenue plus sensible. Toutefois initialement ourdou et hindi étaient et sont parlés indifféremment par une population multiculturelle. Il serait tout aussi erroné de confondre le cinéma ourdou avec les cinéastes indiens musulmans. Quelques-uns des bijoux du cinéma ourdou ont été faits par des réalisateurs hindous (*Barsaat kee Raat*,

Pyaasa). En fait l'étoffe de l'Inde laïque et multiculturelle est très bien illustrée par l'industrie cinématographique indienne.

On se souvient des films non seulement en raison de leur contenu thématique et de leur style narratif ou à cause du jeu magistral des acteurs mais aussi à cause des chansons qui restent en mémoire. Les médias indiens prolongent ces succès, avant, pendant et après la sortie du film. Si la musique des films indiens a évolué, sa popularité a toujours été la même. En fait, dans les affiches, le compositeur et les poètes ont un statut égal à celui du réalisateur et des autres artistes. Il était tout à fait courant, dans les années cinquante et soixante, pour des poètes de langue hindi ou ourdou, de gagner leur vie en écrivant aussi des chansons pour le cinéma. Parmi les plus célèbres compositeurs de musiques de films nous relèverons les noms de Naushad, Roshan et d'un grand poète en langue ourdoue Sahir Ludhianvi. La musique du cinéma indien est si profondément ancrée dans la culture indienne que les enfants et les adultes s'adonnent souvent à un jeu de chansons intitulé « *antakshari* » où on commence à la première ligne d'une chanson et le joueur suivant continue en commençant une nouvelle chanson par la dernière lettre du premier chanteur. Il y a des émissions populaires de télévision en Inde basées sur ce jeu. Ceux qui ont vu *Le mariage des moussons* s'en souviennent peut-être car le jeu fait partie d'une scène.

Les films à dominante ourdoue furent à la mode des années quarante aux années soixante-dix. Comptons, entre les premiers films importants de ce genre, *Puka* (1939), tourné par un réalisateur parsi, Sohrab Modi. Celui-ci a peut être lancé la mode du cinéma historique lié à l'époque moghole. Le film décrit la cour de l'empereur Jehangir, le fils de l'empereur Akbar, et de l'impératrice Noorjehan. Dans le cinéma ourdou à thèmes sociaux des années cinquante et soixante, des films mémorables sont *Barsaat kee raat*, *Mere Mehboo*, *Ghazal Challia* et l'inoubliable classique de Guru Dutt *Chaudhvin ka Chand*. Les films « ***tawaif*** », sur la vie des courtisanes, incluent l'étincelant *Pakeezah* et *Umrao Jaan* (qui fit l'objet de deux versions successives). Ce dernier se passe au cours de l'année 1857. Dans le premier film le rôle principal était tenu par Rekha, gracieuse et émouvante, et dans la version contemporaine par la très célèbre Miss Univers devenue star de cinéma, Aishwariya Rai.

Le cinéma ourdou marque durablement les mémoires parce qu'il incarne l'« *adab* » et le « *tehzeeb* », à savoir la culture, le raffinement, l'élégance et la haute culture par excellence. Des leitmotivs récurrents sont des genres littéraires et musicaux comme le ***ghazal***, le ***qawwalli*** et la danse classique du Nord de l'Inde, c'est-à-dire le ***Kathak***. Comme généralement dans d'autres genres du cinéma populaire indien, la musique accompagne des événements sociaux, familiaux ou romantiques. Outre la représentation de la vie dans les milieux musulmans indiens, le cinéma ourdou insiste également sur l'harmonie entre musulmans et hindous. Les films de B.R. Chopra (d'une éminente société cinématographique indienne) visent très souvent les fléaux sociaux. Des films comme *Dharmaputra* et *Dhool kapool (Fleur née de la poussière*) avaient des scénarios complexes. Ils traitaient d'un thème qui concernait d'ailleurs toutes les communautés indiennes. Ainsi y trouvons-nous une chanson inoubliable contre les aspects négatifs des communautarismes. La laïcité favorisée par le cinéma indien est puissamment rendue par les paroles du poète Sahir Ludhianvi « *Tu hindou banega, na musalman banega, insaan kee aulad hai, insaan banega* » (Tu ne seras ni hindou, ni musulman, tu es un enfant des êtres humains, tu seras un être humain). Nous trouvons ici encore comme dans la plupart des films populaires indiens des numéros scintillants de chants et de danses (qui font partie de la tradition dite « Bolywood » qui doit avoir nécessairement des numéros de chants et de danses). Le monde évoqué se référait à la vie des *nawabs* et du *purdah*, du ***shairoshayari*** (récitation formelle et informelle de poésie ourdoue) et des ***mushairas*** (des rassemblements autour des poètes ourdous et de leurs œuvres). La musique était l'image de la vie sociale musulmane. Ces films incluaient plus de ***ghazals*** et de ***qawwallis*** (groupes religieux soufis réunis pour chanter) que dans les autres films. Comme l'ourdou et l'hindi, qui sont des langues hybrides indiennes, la musique ***filmi*** (ou de film) synthétise plusieurs genres et formes. La musique classique indienne se mêle aux mélodies rurales et aussi à d'autres chansons populaires. Ce mélange inclut aussi de très nombreuses versions de diverses formes musicales occidentales.

Avant d'examiner les leitmotivs du construit ourdou, nous proposons un bref rappel des structures fondamentales de la musique indienne.

La base de la musique classique indienne est constituée de ***ragas*** (mélodies) et de ***talas*** (rythmes). De plus, la tradition de la musique classique indienne est orale. Le ***raga*** est la forme mélodique sur laquelle le musicien improvise. C'est une expression de toutes les heures et saisons et de toutes les émotions liées à ces moments. Le cycle du jour et de la nuit, ainsi que le cycle des saisons sont censés être analogues au cycle de la vie. Le cycle musical le plus courant au nord de l'Inde, le ***teental***, se compose de 16 battements en quatre groupes de quatre battements. Des variations de ce fond commun existent dans la musique hindoustani (Inde du nord) et carnatique (Inde du sud). Ces deux musiques se sont crées autour de la forme vocale la plus généralisée, le ***khayal***, développement des ***dhurap*** et ***dhamar*** (14 battements). Il date du XIIIe siècle. Son origine est attribuée à Amir Khusro.

Aux XVIIe et XVIIIe siècles se développe le ***dhrupad***, musique classique qui remonte au XVIe siècle et qui est basée sur le ***Gwalior gharana***. Les textes sont plutôt pieux et le but est la méditation, la contemplation et le ***khayal***, la pensée, l'imagination. Il offre plus de champ à l'improvisation que le ***dhrupad***. Au XIXe siècle, le ***khayal*** avait remplacé le ***dhrupad.*** Alors, le ***thumri***, un genre classique léger où l'amour est le thème prédominant, se développait aussi, en particulier pendant le règne de Nawab Wajid Ali Shah (1847-56). Mais avec l'arrivée des Européens et l'établissement des Britanniques en Inde, le culte de la musique s'est estompé. Bahadur Shah Zafar fut le dernier empereur moghol du nord de l'Inde. Il perdit son trône à l'issue des combats de 1857.

I) LE GHAZAL :

Dans *Umrao Jaan*, les ***maulwis*** (tuteurs) expliquent aux ***tawaifs*** (courtisanes) la délicatesse et la complexité de l'écriture des ***ghazals***. Rekha, l'héroïne, demande au *maulwi* de corriger son ***masla*** qui annonce le thème du ***ghazal***. Le ***ghazal*** s'est profondément ancré dans la culture ourdoue et hindi parmi d'autres formes de vers semblables, par exemple le ***quasida***. Le

ghazal est apparu en Inde avec l'influence musulmane qui s'est étendue en Inde à partir du XIIe siècle. Sous l'ère moghule où le persan a cédé la place à l'ourdou comme langue de la poésie et de la culture, le ***ghazal*** s'est développé. Bien que le ***ghazal*** ait commencé avec Amir Khusrau dans le nord de l'Inde, à l'origine, le Deccan dans le sud était son véritable foyer.

Le ***ghazal*** a bientôt éclipsé le ***quasida*** et est devenu la forme la plus populaire de la poésie. Le couplet d'ouverture du ***ghazal*** est toujours une strophe qui contient le thème principal. Il définit l'état d'esprit et le ton du poème et nous habitue à son climat. Le dernier couplet, ***maqta***, comprend souvent le nom de plume de l'écrivain et il est plus personnel que dans la tonalité générale. Ici, le poète peut exprimer son état d'esprit, décrire sa foi religieuse ou prier pour sa bien-aimée, voire faire son propre éloge. Les différents versets du ***ghazal*** ne sont pas liés par l'unité et la cohérence de la pensée. Chaque couplet est une unité autonome qui peut être récitée de manière autonome, contenant généralement l'expression d'une idée. Bien que le ***ghazal*** traite de l'ensemble du spectre de l'expérience humaine, sa principale préoccupation est, bien sûr, l'amour

Le ***ghazal*** comme genre musical est devenu particulièrement populaire au XIXe siècle, quand la bourgeoisie naissante a commencé à remplacer la noblesse féodale mughole en déclin en tant que mécène des beaux-arts. Dans la première moitié du XXe siècle, le ***ghazal*** classique a continué de jouir d'une énorme popularité chez les amateurs de musique et les amateurs de la classe moyenne, alors qu'il était par ailleurs stigmatisé par son association avec la culture des courtisanes. Dans l'ensemble, toutefois, le ***ghazal*** classique a effectué avec succès la transition de la cour et du salon à la salle de concert et du clientélisme féodal à la bourgeoisie.

Avec l'avènement du cinéma parlant les ***ghazals filmi*** (***ghazals*** de films), popularisés par des chanteurs importants du cinéma comme Talat Mahmood ou Lata Mangeshkar, ont été modifiés pour plaire au public. Tout au long des années 1960, le ***ghazal*** classique, chanté par Begum Akhtar, a continué à jouir d'une grande stabilité et d'une forte popularité parmi les amoureux de la culture ourdoue. Au début des années 1970, le film ghazal, était moins en vogue. Toutefois, le ***ghazal*** ourdou est revenu à la mode grâce aux chanteurs Jagit et Chitra Singh.

Le ***Kathak*** est le style de danse classique de l'Inde du Nord. Le mot ***Kathak*** est dérivé de ***katha,*** qui signifie « une histoire », et donc le mot ***Kathak*** désigne un conteur qui récite des histoires de la mythologie dans les temples et danse dans un état extatique. Ainsi que nous l'observons dans les films, le ***Kathak*** est lié à diverses expressions et aux épisodes du ***Rasleela*** de Krishna qui apparaissent lors de l'apprentissage de la danse par les ***Tawaifs***. Ceci découle partiellement de son appartenance à deux mondes, le temple, la cour et, plus tard, à la ***kotha***. Cette transformation a eu lieu pendant l'ère moghole. Le dernier empereur moghol Wajid Ali Shah a innové et même créé des ballets ***Kathak***, les ***rabas***. Depuis ses origines, le ***Kathak*** a dépeint la vie selon la philosophie hindoue de la trinité – la création (Brahma), la préservation (Vishnu) et la destruction (Mahesh). Le mouvement des mains et des pieds est très délicat et subtil. Quand Umrao Jaan et les autres courtisanes sont en train d'apprendre le ***Kathak*** de leur ***gurujee*** (enseignant), elles dansent en exprimant ce même thème de la trinité indienne.

En fait, dans les deux films ***Tawaif*** et dans le cinéma à thèmes historiques, les danses ***Kathak*** ont lieu à l'occasion de la fête de la naissance du Dieu Krishna. Dans le ***Rasleela***, les danses illustrent aussi ses ébats avec les ***gopis*** (vachères). Dans le somptueux *Mughale Azam* de K. Asif sur l'amour du Prince Jehangir et d'Anarkali, parmi les numéros spectaculaires de danse par une des plus belles héroïnes indiennes, Madhubala donne un récital ***Kathak*** à l'occasion du ***Janamashtami*** (la fête célébrant la naissance du Seigneur Krishna).

> *Mohay Panghat pay Nand Lal Lay gayo ray,*
> *Mayree nazuk kaliya marod gayo ray',*
> *(Mon Seigneur Krishna m'a amenée au bord de l'eau*
> *Et il a tordu mon poignet délicat*).

Tout le monde, y compris l'empereur Akbar, est séduit par son récital. Cela rappelle au spectateur que Akbar a été marié à une princesse rajput et que la vie au cours de l'ère mughole était une synthèse des cultures indo-ourdoues. La chanson citée ci-dessus était écrite dans le ***braj bhasha*** qui est la langue de la région de Krishna : Brajbhoomi. Cette langue eut les faveurs du dernier empereur moghol Wajid Ali Shah, détrôné en 1858. Il y a d'autres danses ***Kathak*** dans le même film qui sont profondément ancrées dans la mémoire du spectateur indien averti, comme le défi lancé à l'empereur Akbar par Anarkali, pendant sa danse lorsqu'elle dit son amour pour Jehangir : « *Pyar kiya to darna kya* » (Si on a aimé, pourquoi avoir peur ?). Cette chanson a été écrite en hindi. On trouve également des exemples de ***Rasleela*** et de ***Kathak*** dans U*mrao Jaan.* Lors de l'apprentissage du ***Kathak***, la base inclut les rudiments de ***Rasleela***, à savoir les épisodes de la vie de Krishna quand il tente de voler du beurre alors qu'il n'est qu'un enfant et, plus tard, quand il fait la cour aux ***gopis.***

II) LE QAWWALLI :

Le ***Qawwalli*** est un genre musical indien soufi exprimé dans de nombreux styles poétiques et fondé sur la structure classique du ***tala*** et du ***râga***. Comme l'ourdou, c'est un creuset de nombreuses influences, le point de rencontre de l'islam et de l'hindouisme, de l'arabe et du qaul coranique, de la poésie persane, du ***ghazal*** indo-persan et enfin de la ***bhajan*** (les chants dévotionnels hindous). Le ***Qawwalli*** est avant tout un spectacle public et un art dialogique. Le ***Qawwalli*** est chanté par un groupe composé d'un chef chanteur secondé par un, deux ou trois de ses meilleurs élèves. Un chœur composé des autres élèves ajoute à la force de la musique. Le rythme est souligné par le ***dholak***, tambour à deux extrémités, et un instrument d'accompagnement, l'harmonium.

Le ***Qawwalli*** comprend de nombreuses louanges à Mohammed ou Ali, des poèmes d'amour où le divin est abordé en termes sensuels et aussi des poèmes ésotériques des maîtres soufis. L'expérience collective du soufisme ne peut être véritablement comprise que si on l'éprouve dans la sainteté et la spiritualité de ce genre musical collectif. Parmi les thèmes présents dans les ***Qawwallis***, les prières à des saints et des martyrs du soufisme sont des thèmes fréquents.

Pendant le concert, un artiste récitera le thème avec une gestuelle et des expressions religieuses, et un autre artiste improvisera d'autres appels et des réponses variées. Les vers importants sont répétés par les chœurs dont les reprises de refrains ressemblent au tournoiement des derviches, aboutissant à un état de transe. Les participants peuvent alors obtenir le ***fana***, l'illumination spirituelle. La structure de chaque morceau est généralement la même. Il débute par une lente ouverture, puis devient plus rythmé et de plus en plus rapide et intense. La plupart des films des années cinquante avaient des ***Qawwallis*** qui y figuraient soit comme un numéro de chant et de danse ou comme une occasion où l'amour s'exprime dans tous ses états. Dans le cinéma ourdou social comme *Mère Mehboob (Mon Amour)*, *Barsaat kee Raat (La Nuit Pluvieuse)*, *Dil-hee to hai (Ce n'est que mon cœur)*, *Chaudhveen ka Chaand*, nous avons des ***Qawwallis*** légers et des ***Qawwallis*** plus majestueux. Dans le cinéma historique mughol, les ***Qawwallis*** peuvent être organisés lors de cérémonies officielles. Ils peuvent aussi apparaître comme une occasion pour les amoureux frustrés d'exprimer leurs sentiments en public. Nous trouvons de tels épisodes dans *MughaleAzam* et *Taj Maha par Ma.* Dans le premier cas, Anarkali (jouée par Dhubala) et sa rivale luttent pour l'amour de Salim, le futur empereur Jehangir, et elles chantent tour à tour dans les ***Qawwallis***. Le thème principal se résume dans la ligne suivante : « *Teri mehfil may kismet aazma kar hum bhee daykhaingay* » (Nous allons jouer nos destins ce soir en votre présence et nous nous mesurerons), qui est chanté tour à tour dans le ***Qawwalli*** par les rivales.

(1) *Ghadee bar k o tayray nazdeek aay kay hum r bhee daykhaingay*
(En cette occasion nous allons essayer de nous rapprocher de vous et de voir ce qui se passera)
(2) *Tayray kadmon mai sar apna jhuka kar hum bhee daykhaingay*
(Nous allons nous mettre à vos pieds et voir ce qui se passera)
Ajee haan hum bhee daykhaingay
(Oui chers princes nous verrons ce qui se passera)

Ce ***Qawwalli*** est chanté par des chanteuses célèbres du cinéma indien, Lata Mangeshkar et Shamshad Begum.

Dans *Tajmaha*, un ***Qawwalli*** similaire est observé mais dans une veine beaucoup plus légère, et la performance a lieu devant le deuxième fils de l'empereur Jehangir. Contrairement au ***Qawwalli*** de *Mughale Azam* qui est effectué par deux groupes féminins, dans *Taj Mahal*, il est effectué par des groupes mixtes.

Chanddee ka badan sonay kee nazar us par yeh nazakat kya kahiyay

(Un corps argenté et un regard doré, combinés avec une exquise délicatesse)

Toutefois, comme nous l'avons écrit au début de cet article, le ***Qawwalli*** majestueux, c'est-à-dire dire un ***Qawwalli*** qui s'approche de la forme et du contenu mystique soufi, se trouve dans un film sur les groupes *qawwalli* et l'amour dans *Barsaat Kee Raat* (*Rainy Night*) de Bharat Bhushan. Parmi les autres célèbres ***Qawwallis*** de ce film il y en a un qui dit que l'amour transcende tout et où il est assimilé à Dieu. Le message est transmis par des groupes d'hommes de femmes. Ce ***Qawwalli*** est en fait le point culminant du film. L'héroïne a le courage de défier ses parents pour rejoindre le poète qu'elle aime, et l'une des chanteuses de ***Qawwalli*** qui aime désespérément le même poète donne libre cours à ses propres souffrances. L'amour désespéré de Radha pour le Seigneur Krishna apparaît. Le thème dominant englobe l'amour : « *Yeh Ishq Ishq Ishq Ishq hai yeh hai* » (C'est l'amour, C'est l'amour, C'est l'amour, C'est l'amour,).

1 Na to Caarvaan Ki Talaash Hai, Na to Humsafar Ki Talaash Hai
(Je ne suis pas en quête d'une caravane, ni d'une compagne)
Mere Shauq - E - Khaana Kharaab Ko, Teri Rehguzar Ki Talaash Hai
(Mon cœur souffrant est en quête de la voie que tu prends, voyageuse)
Mere Naamuraad Junoon Ka Hai Ilaaj Koi to Maut Hai
(Il n'y a pas d'autre remède à mon obsession inassouvie que la mort)
Jo Dava Ke Naam Pe zehar De Usi Chaaraagar Ki Talaash Hai
(Je suis en quête du guérisseur qui me donne du poison)
Tera Ishq Hai Meri Aarzoo, Tera Ishq Hai Meri Aabroo
(Ton amour est mon désir, Ton amour est ma dignité et ma vie n'est rien si ce n'est l'amour,)
Dil Jism Ishq Ishq Hai Aur Ishq Hai Jaan
(Mon cœur, mon corps ne sont que l'Amour)
Imaan Ki Jo Poochho à Imaan Ishq Hai
(Mon honneur est aussi cet amour)
Tera Ishq Hai Meri Aarzoo, Tera Ishq Hai Meri Aabroo,
(Ton amour est mon désir, Ton amour est ma dignité)
Tera Ishq Maein Kaise Chhod Doon, Meri Umra Bhar Ki Talaash Hai
(Comment puis-je laisser cet amour que j'ai cherché toute ma vie ?)
2 ***Mazhab - E - Ishq Ki Har Rasm Kadi Hoti Hai,***
(Les rituels de la religion de l'amour sont très difficiles à émuler)
Har Kadam Par Koi Deewaar Khadi Hoti Hai

(A chaque étape un obstacle se dresse)
Ishq Aazad Hai, hindoue Na Musalmaan Hai Ishq,
(L'amour est libre, il n'est ni hindou, ni musulman)
Aap hee Dharm Hai Aur Aap Hee Imaan Hai Ishq
(Certes l'amour est sa propre religion (Credo) et son propre honneur)
Jis Se Aagaah Nahi Shekh - O - Barahaaman Dono
(Il ne fait aucune distinction entre les sheikhs ou les brahmans)
Us Haqeeqat Ka Garajtaa Hua Ailaan Hai Ishq
(L'amour est le retentissant appel de cette vérité et réalité)
3 ***Bahut Kathin Hai Dagar Panghat Ki***
(Le chemin vers le bord de l'eau est très raide)
Ab Kya Bhar lanc Maein Jamuna Se Matki
(Alors, comment puis-je remplir ma cruche d'eau de la Jumna ?)
Maein Jo Chali Jal Jamuna Bharan Ko
(Quand je suis allée à la Jumna pour remplir ma cruche d'eau)
Sakhi Dekho Ji Maein Jo Chali Jal Jamuna Bharan Ko
(Voyez-vous, chères amies, je suis allée à la Jumna pour chercher de l'eau)
Nandkishor Mohe Roke Jhaadon pay
(Mon Seigneur Krishna m'a arrêtée près des arbres)
Kya Bhar laaoon Maein Jamuna Se Matki
(Refrain : Comment dois-je remplir ma cruche d'eau de la Jumna ?)
Ab Laaj Raakho mayray Ghoonghat Pat Ki
(Merci de préserver l'honneur et la modestie du voile qui me protège)
Jab Jab Krishn Ki Bansi Baaji, Nikali Raadha Saj Ke
(Mais à chaque fois le Dieu Krishna jouait sa flûte,
Radha, toute ornée, est sortie)
Jaan Ajaan Ka Maan Bhula Ke, Lok Laaj Ko Taj Ke
(En perdant toute notion de vie, d'honneur, en bravant la honte)
Janak Dulaari Ban Ban Doli, Pahan Ke Prem Ki Maala
(Comme Sita la fille du Seigneur Janak, prête pour son départ vers la maison du marié en portant la guirlande de l'Amour)
Darshan Jal Ki Pyaasi Meera Pi Gai Vishh Ka Pyaala
(Et Sainte Meera qui se languissait de son Seigneur a bu le calice de poison)
Aur Phir Araj Kari Ke
(Et puis, elle plaidait)
Laaj Raakho Raakho Raakho, Laaj Raakho Dekho Dekho
(Préservez mon honneur, préservez mon honneur, regardez, regardez)
Ye Ishq Ishq Ishq Ishq Hai, Ye Ishq Ishq Hai Ishq Ishq
(C'est l'amour, c'est l'amour, c'est l'amour, c'est l'amour)
Allah Rasool Ka Farmaan Ishq Hai
(L'amour est ordonné par Allah le Prophète)
Yaane Hafeez Ishq Hai, Coran Ishq Hai
(En d'autres termes, l'amour est le gardien, l'amour est le Coran)
Gautam Kaa Aur Maseeh Ka Armaan Ishq Hai

(Gautam et le Christ ont prêché l'amour)
Ye Kaaynaat Jism Jaan Hai Aur Ishq Hai
(Certes, c'est le contenant et la vie de l'Univers)
Ishq Sarmad, Ishq hee Mansoor Hai
(L'amour est l'Eternité)
Ishq Moosa, Koh Ishq - E - Noor Hai
(L'amour est le Christ, l'amour est le Kohenoor)
Khaaq KoBut , But Ko Devta Karta Hai Ishq
(L'Amour transforme la poussière en idoles et les idoles en Dieu)
Intaha Ye Hai Ke Bande Ko Ishq Hai Khuda Karta
(Tel est son ultime pouvoir, l'amour rend l'homme divin)
Haan Tera Ishq Ishq Ishq Ishq
(Oui, c'est ton amour, Amour, Amour)
Tera Ishq Ishq, Ishq Ishq
(C'est ton amour, C'est ton Amour)

III) LES FILMS SUR LA VIE DES COURTISANES :

Les ***tawayafs*** chantent une grande variété de genres en fonction de leur formation musicale. Certains chants comme le ***khyal*** ont été interprétés par des hommes et des ***tawayafs*** et n'ont pas été entachés du fait de leur association avec la tradition des courtisanes. Les textes de ***khyal*** représentent une grande variété de scènes et sont donc rarement directement liés à la vie des courtisanes. Néanmoins, la présence presque obligatoire de voix de femmes à la première personne dans les paroles suggère que les femmes plutôt que les hommes étaient les principales interprètes du genre. D'autres genres tels que le ***ghazal*** ont été interprétés principalement par des ***tawayafs***. Le ***thumri*** est inextricablement lié aux chants et danses des tawayafs. Il reste un genre populaire encore aujourd'hui, mais l'érotisme du genre a été modifié ou réinterprété progressivement dans un cadre religieux. Les textes des ***thumri*** expriment presque toujours le désir féminin et généralement le thème de la séparation (***viraha***). L'héroïne languissante des ***thumri*** maudit le jour où son amant la quitta pour une nouvelle épouse ou une rivale, elle le supplie de ne pas l'abandonner. Elle peut également déplorer le sort qui lui est contraire et le fait d'être seule pendant les jours sensuels de la saison des pluies. Elle exprime son humeur uniquement à travers les actions de son compagnon.

Pakeezah et *Umrao Jaan* portent sur la vie des courtisanes qui ont quitté New Delhi pour jouir de la générosité et de la culture de Nawabi lorsque la capitale a été déplacée de Delhi à Lucknow. Les courtisanes dans les films sont des poétesses et des danseuses accomplies. Le mot ***tawaif*** (à l'origine un mot persan) désigne la courtisane en l'Inde au milieu du XIXe siècle ou au début du XXe siècle. La musique envoûtante dans ces films découle de la profession des héroïnes d'*Umrao Jaan.*Dans les deux versions, les héroïnes dansent sur les ***ghazals*** qu'elles ont composés après en avoir appris l'art. Dans la première version, Umrao Jaan aime un *nawab* et un poète. Nous assistons à la traditionnelle « ***mushaira*** » où une bougie est placée devant le poète. Les compositeurs ont utilisé la richesse des langues locales. Ceci apparaît dans la musique folklorique dans la langue régionale, l'Awadhi. Awadh est le nom original de l'Ouhd dont la capitale fut plus tard appelée Lucknow. Elle met en lumière le sort des héroïnes qui ont été enlevées quand elles étaient très jeunes, puis vendues aux courtisanes propriétaires du ***kotha*** (la résidence des courtisanes). Dans la version la plus récente il y a un couplet *awadhi* lancinant « *Aglay janam mai data mohay bitiya na keejo* » (Dans ma prochaine vie, mon Dieu ne pas me réincarne pas en fille). Ce chant résonne d'autant plus quand, au retour au pays natal, l'enfant perdue, qui est devenue une ***tawaif***, est reniée à la fois par sa mère et son frère.

La musique folklorique en langue régionale est également un leitmotiv récurrent dans la première version de Muzaffar Ali. Au début du film, quand l'héroïne est en train d'être fiancée, les chanteurs professionnels invités au mariage chantent « *Awadhi' Kahay Ko byaahay videsh, Baabul moray* » (Pourquoi m'envoies-tu comme épouse à l'étranger loin de ma maison et de mes amis ?). Umrao Jaan, initialement nommée Ameeran par ses parents, était une adolescente de treize ans. Dans les deux versions la courtisane est invitée par la noblesse à danser pour des événements familiaux. Le récital en public et en privé est appelé un « ***mujra*** », et le rassemblement social un « ***mehfil*** ». Je pense que dans certaines parties du Pakistan, cette coutume est encore en vogue aujourd'hui. Toutefois, à l'époque, même du coté des Anglais qui profitaient des ***tawaifs*** (voir *Mangal Pandey*), le mot était utilisé comme une insulte. Dans *Junoon*, quand l'héroïne, Ruth Labradoor, s'habille à l'indienne et demande à sa mère son avis, elle lui dit en colère « *Tu as l'air d'une **nautch-gir*** » (***tawaif*** en d'autres mots).

Le contexte politique de 1857 apparaît dans ces films comme un arrière-plan, mais aussi comme un événement de rupture. Quand les courtisanes et leurs compagnons s'enfuient, la caméra se concentre sur les endroits caractéristiques de Lucknow et le motif des poissons sur les portes. C'est également l'occasion pour l'héroïne de tenter de sortir de sa prison et de fuir vers sa propre indépendance pour trouver son propre domicile et son identité personnelle. Dans la deuxième version contemporaine, l'accent est mis sur la violence infligée à la population des jeunes et des moins jeunes. La violence des évènements lors de la révolte est également rendue plus concrète parce qu'un personnage central, le proxénète Gohar Mirza, participe également à la lutte et il est grièvement blessé. Il rapporte les événements et participe à la bataille (vue du point de vue indien) des résidents du ***kotha***. La musique fait écho aux bruits de la bataille qui fait rage dans une orchestration symphonique à la mode occidentale. Il est certainement implicite dans la première comme dans la seconde version que la révolte était en train de changer pour toujours le visage de Lucknow.

IV) LA TRILOGIE DE L'ERE SIPAHI :

Malgré le caractère sinistre associé à l'année de la révolte Sipahi, 1857 est aussi l'ère des moments les plus prolifiques du nord de l'Inde en ce qui concerne la création artistique en ourdou, en hindi et en pendjabi. Il est crucial, pour toute représentation de l'ère de la révolte des Sipahis, de s'attarder non seulement sur cet événement violent et prophétique, mais aussi d'étudier la culture de cette région qui, à ce moment précis de l'histoire indienne, était à son apogée. La littérature et l'art ont fleuri à la cour de Bahadur Shah Zafar, le dernier roi moghol en Inde du Nord au cours de cette période. Si le règne de Bahadur Shah Zafar a été le moment de la désintégration et du déclin de l'Empire moghul, il fut aussi la période dorée de la grande poésie ourdou. La cour brillait grâce aux talents de Ghalib, Zauq, Momin, Shefta et Azurda. Zafar était lui-même un poète. Le dernier empereur moghol, la vie et la révolte des Sipahis sont inséparables de Lucknow.

Lucknow devint la capitale d'Avadh en 1590 par le choix d'Akbar. Durant le XVIIIe siècle, cette province est devenue un Etat indépendant, l'un des Etats princiers de l'Inde. En tant que siège des *nawabs* de Avadh, Lucknow a prospéré et devint un important centre politique et culturel, rivalisant avec Delhi. C'est à cette époque que la culture et l'architecture de synthèse apparaissent dans un type distinct désormais si caractéristique de Lucknow. Les *nawabs* ont insufflé une renaissance culturelle dans Avadh. Toutefois, l'époque glorieuse de Lucknow remonte à 1775 quand Nawab Asaf-oud-Daula a déplacé la capitale de Awadh de Faizabad à Lucknow. Les *Nawab Wazirs* ont apporté avec eux leur musique persane, la danse, la langue, les costumes et la culture qui s'est mêlée à la culture hindoue déjà très développée de l'Inde. Cette synthèse aboutit à des formes de musique très riches, la danse ***Kathak***, la poésie, le théâtre, la célèbre langue indo-ourdou qui porta le ***tehzeeb Ganga-Jamuni*** de Lucknow qui est devenu célèbre. La langue ourdoue a acquis sa déconcertante phonétique aux nuances suaves. La langue parlée est devenue un charmant mélange de persan, d'ourdou, de hindi et d'avadhi. Dans la musique, la ***brajbhasha*** a été utilisée à merveille. Le Chandiwali baradari de Wajid Ali Shah à Kaisarbagh était le lieu plus populaire des ***rabas***, (une version Persane du ***Rasleela*** hindou de Brajbhoomi) et ***jashans*** (spectacles de danse). Ces ***rabas*** sont peut-être les premières expériences dans le ballet du ***kathak***. Dans les livres de Wajid Ali Shah, *Bani* et *Najo*, (récemment publiés en hindi par la Sangeet Natak Académie U.P.), le *Nawab* a donné des détails sur de nombreux ***gats*** pour le ***Katha***k avec des dessins. Ses autres livres contiennent des compositions de ***thumris***, ***daadras*** et ***ghazals***.

Ces influences sont fastueusement déployées dans *Les joueurs d'échecs* de Satyajit Ray. Ce film tourne plus que les autres films autour de l'ère « sipahi » et autour de l'art qui a fleuri à la cour de Wajid Ali Shah. Basé sur l'histoire écrite par un célèbre romancier, Premchand, qui écrivait en hindi, c'était la première tentative de Satyajit Ray de faire du cinéma indien populaire. C'est également son film le plus coûteux. La culture ourdoue est affichée dès le début dans le ton d'affection sardonique du narrateur Amitabh Bachchan. Les Britanniques, ou plutôt la Compagnie des Indes orientales, qui est dépourvue de toute compréhension des beaux arts, décide d'annexer Avadh (ou Oudh) et de se défaire du roi poète Wajid Ali Shah. La caméra montre la ville, ses pigeons, les cerfs-volants et des combats de coqs. Nous observons aussi l'empereur jouer le rôle de Krishna dans le ***Rasleela*** puis il écoute un chant de Mushtari Bai (une courtisane de renom). Voila qui est au-delà de la compréhension du Général Lord Outram de la Compagnie des Indes orientales. Il se demande comment un souverain pieux, qui priait cinq fois par jour et qui avait 400 concubines et épouses *mutter,* pouvait sérieusement gouverner un pays ! Il est poète, compositeur, chanteur, danseur et chorégraphe. Outram demande à un de ses agents qui connaît la culture ourdoue de lui réciter une des compositions de Wajid Ali Shah.

> *Sadma nd pahunchay merey jismay zaar par 1*
> *Aahista phooldaalna mayray Mazar par*
> *Har chand khak Mai khalak gaya*
> *D aasman ka mayray gubar pair.*
>
> *Ne Saigne plus mon corps !*
> *Jetez des fleurs doucement sur ma tombe.*
> *Bien que mêlées à la terre, mes cendres se sont envolées au ciel.*
> *Des passants ont pris leur envol pour le paradis.*

Ray a généralement composé la musique de ses propres films. Ici les propres opinions de Ray sur les différences entre musique indienne et occidentale sont très significatives.

> *J'ai ma propre théorie sur la tendance des réalisateurs indiens à négliger l'aspect musical de la structure d'un film. La raison en réside sans doute dans l'absence d'une tradition narrative dramatique dans la musique indienne. Il est valable de parler d'une symphonie de Beethoven en termes de fraternité universelle ou bien de lutte de l'homme contre le destin ou des effusions passionnées d'une âme dans le tourment. La musique classique occidentale a subi un long processus d'humanisation avec l'invention de la sonate, avec ses premiers sujets masculins et féminins et leur imbrication et leurs progrès grâce à une série de*

changements spectaculaires conduisant à un point d'aboutissement. Mais un ***râga*** *est un* ***râga*** *– avec une seule humeur et une tonalité prédéterminée – c'est-à-dire, construite comme un temple, à partir de la base solide de* ***l'alap****, entérinée par une flèche qui s'épanouit sur l'octave le plus élevé de l'échelle. Peut-être que l'on pourrait, avec une certaine imagination, penser que le sujet d'un film pourrait être mis en place comme l'élaboration d'un* ***râga****, mais je ne pense pas que ce soit une forme qui serait suivie par la grande majorité. De toute façon, la grande majorité des histoires qui forment la structure de nos films ne peuvent être racontées que dans un style qui a déjà trouvé une application universelle, dans le style qui a son origine à Hollywood. Le sens de la forme, d'un motif au rythme actualisé dans le temps, c'est ce qui fait principalement défaut à nos réalisateurs.* (S. Ray, *Our Films, Their Films*, pp. 50, 51)

A propos de l'importance des chansons, Ray a également déclaré catégoriquement : « *Si l'on m'avait demandé de trouver de l'espace pour six chansons dans une histoire qui n'est pas expressément une comédie musicale, j'aurais fait un scandale et j'y aurais renoncé. Si j'y avais été forcé, je me serais révolté ou je serais devenu fou* » (idem, p. 73). L'attitude de Ray est donc différente de l'approche de la grande majorité des cinéastes du cinéma indien populaire, qui acceptent la nécessité d'avoir six ou sept chansons. Et contrairement à une imbrication progressive de la musique indo-occidentale dans les films récents consacrés à l'ère coloniale (L*agaan*, *Junoon*), dans le film de Satyajit Ray, l'opposition entre les modes de jeu d'échecs différents de l'Occident et de l'Orient est fixée dès le début où cette contradiction se traduit dans un affrontement entre l'Inde classique et l'Empire britannique où trompettes et tablas s'opposent. Au cours des différentes parties du film le cinéaste utilise également le ***shehnai*** afin de mettre en lumière le mode de vie *lakhnavi* (de Lucknow), mais c'est la représentation de la vie de l'empereur épris d'art qui souligne l'importance de la musique dans la culture ourdou. Il y a un gracieux ***mujra*** de danse kathak que l'empereur apprécie. Le rôle de Wajid Ali Shah est délicatement joué par Amjad Khan. Il est blessé et stupéfait à l'annonce de son départ forcé de son cher pays. Comme il aborde la question avec sa noblesse, il leur rappelle les noms poétiques qu'il donnait aux divers régiments de son armée. Il parle aussi avec nostalgie à son premier ministre de ses compositions poétiques à l'occasion des différents événements survenus dans son royaume. Le Général Outram fait également référence au penchant de l'empereur pour les ***rabas***, la version indo-mughole de la danse du Dieu Krishna et de sa bien-aimée Radha, appelée familièrement en hindi ***Rasleela***. La continuité entre les films de l'ère coloniale est maintenue curieusement par le discours du narrateur, qui est magnifiquement rendu par Amitabh Bachchan.

Les ***ghazals*** de Wajid Ali Shah sont encore chantés. Je me souviens de mon propre père, puis de moi-même, chantant *lagataa nahii.n* :

hai jii meraa uja. De dayaar me.n (2)
Lagataa nahii.n hai jii meraa uja. De dayaar me.n
kis kii banii hai aalam-e-naa_paayedaar me.n
kah do in hasarato.n se kahii.n aur jaa base.n
itanii jagah kahaa.N hai dil-e-daaG_daar me.n
umr-e-daraaz maa.Ng kar laaye the chaar din
do arazuu me.n kaT gaye do intazaar me.n

kitanaa hai bad_nasiib "Zafar" dafn ke liye
do gaz zamiin bhii na milii kuu-e-yaar me.n
"Babul mora naihar chhuto jaay
Chaar kahaar millions doliyan uthhave.

S'y ajoute le verset ourdou :

Doston alose raho, thumko khuda Ko saumpa,
Hamme apne hom - courrier nazuk Ko jafa Ko saumpa,
Kaisarbagh Jo hai, usko subko saumpa,
Daro deewar par hazarat se nazar karte hain,
I gaze at every nook and corner wistfully
Dear Country, with your permission, I am just a traveller

Chère famille, je quitte mes racines,
Quatre porteurs soulèveront mon palanquin
Mes amis réjouissez-vous, je vous remets entre les mains du Seigneur,
Mon cœur délicat habite un gouffre d'oppression,
Et Kaiserbagh que vous aimez tous tant,

Je le remets entre vos mains, mon peuple,
Je contemple chaque coin et recoin avec tristesse,
Mon cher pays, si tu me le permets,
Je ne suis qu'un voyageur.

Le ***ghazal*** ci-dessus est très populaire et a été maintes fois chanté par des chanteurs célèbres du cinéma indien, comme le légendaire K.L. Saigal.

Dans les *Joueurs d'échecs* de Satyajit Ray, les poètes qui ont été protégés par Wajid Ali Shah n'apparaissent pas. Cependant plusieurs documentaires ont été réalisés sur la vie de l'un des plus célèbres poètes ourdous, à savoir Mirza Ghalib. Dans un documentaire indien qui était initialement une série télévisée, Nasreeudin Shah joue le rôle de Ghalib. Contrairement aux *Joueurs d'échecs*, l'accent est mis sur la vie de Ghalib et bien que l'Empereur soit mentionné son importance est limitée aux difficultés financières de Ghalib.

De la musique des *Joueurs d'Echecs* de Ray à la musique de *Mangal Pandey* qui traite de la vie d'un martyr de 1857, nous constatons une différence évidente entre la musique du cinéma indien d'art et d'essai et le cinéma populaire.

Ici s'impose une brève évocation de la musique d'un compositeur très prolifique du cinéma Indien, A.R. Rahman. La variété infinie de ses compositions musicales en vaut la peine. Il est à la croisée des arts classiques de l'Inde et de toutes les mélodies folkloriques indiennes régionales. En outre, son utilisation de la musique classique occidentale et de la musique populaire est très juste. *Lagaan* marqua un tournant dans l'interprétation de certains genres hybrides. Le même usage est apparu dans *Mangal Pandey* où, cependant, il y a moins d'hybridité entre les genres musicaux. Alors que la musique des valses, des chants patriotiques anglais, de l'oratorio et même de Mozart définissent la vie des Britanniques de la Compagnie des Indes orientales en Inde, la musique folklorique, les chansons de fête (***Holi Re***), des chant à boire le ***bhang***, boisson alcoolique à base d'amandes et bue lors des fêtes de ***Holi*** en Inde, des chants védiques (pendant le bain brahman de Mangal Pandey *d*ans le fleuve sacré), des récitals de ***mujra*** et un chant érotique des ***banjara*** (gitanes), le ***Rasiya***, représentent des aspects de la vie des Indiens. Le thème musical est une triple version du même chant, « *Jago Mangal Mangal* » (Eveillez vous au Cri de Mangal, Mangal), avec trois aspects différents du même thème. Puisque le film fonctionne en flashbacks, la première version est celle de la liesse patriotique d'entendre l'appel à l'éveil propagé par des Indiens juchés sur un éléphant qui avance à travers les quartiers de la ville et les régions du pays. Les deux autres versions correspondent aux climats émotionnels spécifiques *Agni* (Feu) et *Atman* (âme). Le ***mujra*** « *Main Vari Vari* » *(Je suis entièrement tienne*) est un ***mujra*** d'avant l'arrivée des Anglais. « *Rasiya* » peint le paysage de l'amour et dépeint en alternance Toby Stephens et Amisha Patel (l'officier de la Compagnie britannique des Indes orientales et Jwala, la Sati qu'il a sauvée). Heera, la ***tawaif,*** subit aussi l'émotion érotique. Et alors que le personnage central (Mangal Pandey) regarde, il est aussi imbriqué dans ce sentiment général d'érotisme à la fin de la chanson. Il y a une chanson où la métaphore du monde est un bazar où tout se brade. Dans le bazar de cette chanson, Heera est offerte au plus offrant. Les spectateurs regardent d'autres objets aussi. « *Takey Takey* » souligne le fait que l'amitié, l'honnêteté, la vertu, tout est bradé pour seulement un taka !

L'invocation soufie de « *Al Maddath Maula* » (Aidez-nous Allah) a lieu dans une mosquée, ce qui est conforme au penchant pour le soufisme du compositeur de musique A.R. Rahman. Cependant, l'invocation s'adresse aux Dieux musulmans et hindous. Cela souligne le fait que tous les Indiens, les hindous et les musulmans, ont tenté d'oublier les différences religieuses et se sont donné la main durant la mutinerie contre les Britanniques. Au cours de la chanson, nous voyons Mangal Pandey dans une ambiance qui suggère la mise en œuvre d'un complot. Juste après la chanson, nous assistons à la venue des Nawabs et des Peshwas en réunion avec les Sipahis afin de s'associer à leur mutinerie. Toutefois, Mangal Pandey leur rappelle que les rois avaient perdu leurs royaumes aux *goras* (les blancs) car ils étaient des vauriens ! Puisque la mutinerie est en gestation et que l'union fait la force, on chante pour la fête indienne des couleurs (***Holi***) en portant haut la bannière jaune qui, comme le chant érotique « *Rasiya* », unit les Indiens. Tout compte fait *Mangal Pandey*, malgré son thème révolutionnaire, fait partie du cinéma populaire indien et s'emploie à accroître la ferveur et la saveur patriotique du contenu thématique du film.

Une autre approche musicale est détectée dans *Junoon* (inspiré de *Flight of the Pigeons* de Ruskin Bond) du réalisateur Shyam Benegal. Le film commence par la pendaison de Mangal Pandey. La traduction littérale de l'ourdou en anglais signifierait obsession. Mais *Junoon* est bien plus que l'obsession. Il raconte aussi la révolte du Nawab Mughal Pathani contre les Britanniques et son amour fatal pour une jeune fille britannique. Il s'agit d'une histoire d'amour située à Shahjahanpur, une petite ville 250 milles à l'est de Delhi, dans la période de 1857. Pour souligner la violence de cette période et maintenir une attitude non partisane, Benegal mêle avec justesse des musiques et des chants indiens et la musique occidentale qui reflète la vie des Britanniques. Ce film raconte les moments d'humanité survenus au cours de ces temps inhumains. C'est ce que l'auteur Ruskin Bond écrit dans l'introduction à l'édition de 2002 :

> *Je me souviens de mon père qui me racontait l'histoire d'une jeune fille qui avait un rêve récurrent dans lequel elle assistait au massacre d'une congrégation dans une petite église du nord de l'Inde. Quelques années plus tard, elle se trouva dans une église identique, à Shahjahanpur, où elle vit la même scène horrible devenue cette fois réalité.*
>
> *Mon père est né à Shahjahanpur et il a probablement entendu le récit de son père, soldat qui avait été stationné là-bas. Si la jeune fille en question était Ruth Labadoor (ou éventuellement Lemaistre) ou quelqu'un d'autre, on ne peut pas le dire avec certitude mais l'histoire de Ruth est vraie. Elle a survécu aux massacres et à ses épreuves et a vécu pour raconter son histoire à plus d'une personne. L'histoire apparaît plusieurs fois dans de vieux dossiers et les récits de la « mutinerie » de 1857.*
>
> *En racontant l'histoire dans le contexte d'aujourd'hui j'ai essayé de faire ressortir l'humanité commune de la plupart des personnes concernées – à l'époque des conflits interethniques et de la haine religieuse ou*

raciale, il y a toujours des hommes et des femmes prêts a venir en aide à ceux qui sont incapables de se défendre.

J'ai publié ce conte comme une nouvelle il y a une trentaine d'années. Je pense qu'il a encore une certaine pertinence aujourd'hui, alors que des troubles communalistes et l'intolérance religieuse mettent en danger la vie et les moyens d'existence des innocents respectueux de la loi. C'était Pascal qui écrivait : « Les hommes ne font jamais le mal si complètement et joyeusement que lorsqu'ils le font par conviction religieuse ». Heureusement pour la civilisation, il existe des exceptions.

En accord avec le ton humain du roman, Shyam Benegal mêle avec justesse une musique symphonique occidentale et des chansons populaires.

La pendaison de Mangal Pandey est exprimée dans un ***Qawwalli*** qui se compose de versets d'Amir Khushru :

Khusro rain piya ki jaagi pee ke sang
Tan mora man piya ka, jo dono ek hi rang
(Khusro, j'ai passé une veillée d'amour toute la nuit avec mon amour,
Mon corps et mon âme sont l'amour, ils sont baignés d'une même couleur.)

En outre une chanson hindi en toile de fond de leur amour impossible, « *Ishq ne todi, sar pe qayamat* » *(L'Amour sonne le glas*), chantée par un chanteur de cinéma célèbre, Mohammed Rafi, accroît le pathos et la tragédie des amoureux malheureux, Javed Khan et Ruth Labradoor, condamnés à ne jamais se rencontrer.

Toutefois, la voie médiane adoptée par des films indiens récents sur l'ère coloniale et le cinéma interculturel diasporique, à savoir le croisement de la musique occidentale et de la musique indienne, est aussi suivie dans *Junoon.* Pendant que la famille Labradoor séjourne avec la tante de Javed, au printemps (*Sawan*), on se détend sur les balançoires et on chante. Après le chant du printemps, par la fille de la tante *Phir aayee kari ghata matwali sawan ki* (Les nuages noirs et joyeux du printemps sont de retour), Ruth chante avec sa mère, en anglais, un sonnet de Shakespeare, interprété par l'épouse de Shashi Kapoor, qui était le producteur de ce film, Jennifer Kendal, qui joue le rôle de la mère de Ruth. Le résultat est un havre d'harmonie dans la narration de ces temps troublés.

En guise de conclusion, la musique du cinéma à thèmes historiques démontre la vitalité de la composition musicale pour les films indiens. Celle-ci a réussi par sa diversité autant que par ses expériences novatrices. Le cinéma historique sur le temps des Mughols jusqu'à la fin de cette dynastie en 1857, sans oublier les films sur l'époque coloniale, est toujours en vogue. Récemment, *Rang de Basanti*, qui a imbriqué d'une manière imprévue l'époque contemporaine et l'époque coloniale, a offert aux spectateurs un étonnant spectacle musical. La sortie de *Jodha Akbar*, basé sur la vie et les amours de l'empereur Akbar, est très attendue. Ces films témoignent de la richesse du fonds musical du cinéma indien qui se renouvelle continuellement et mêle joyeusement les genres.

BIBLIOGRAPHIE:

Dwyer Rachel (2002): *Cinema India, " the visual culture of Hindi film"*. Co-authored with D. Patel, in the 'Envisioning Asia' series, ed. H. Bhabha, London : Reaktion Books and the Victoria and Albert Museum/New Brunswick : Rutgers University Press/Delhi : Oxford University
Christopher King *One language two scripts*'Oxford,1994.
Ralph RusselThe Oxford India Ghalib : Life, Letters and Ghazals (Hardcover)
Dalrymple :outlook article.
Ruskin Bond *A* Flight *of Pigeons*'Viking,2002.
Matthews DavidAn *Anthology of Urdu Verse in English*'Oxford,1999.
Sultan Nathai *Intequab O Lughai*'Nathai Trust,2002
Satyajit Ray'*Our films, Their Films'*. Reprint. New Delhi, Orient Longman, 2001,
websites http ://www.tasleemlucknow.com/musicbottom.htm
http ://www.satyajit ray .org

FILMOGRAPHIE :

Pukar(1939), ***Réalisateur*** :Sohrab Modi
Pyaasa(1957), ***Réalisateu :*** ,Guru Dutt, ***Musique*** : Sachin Dev Burman, ***Lyrics :*** Sahir Ludhianvi
Barsaat kee Raat (1960) ***Réalisateu :*** ,P.L.Santoshi, ***Musique :*** Roshan ***Lyric :*** ,Sahir Ludhianvi
Chaudhveen ka Chaand (1960) ***Réalisateur :*** M.Sadiq, ***Musique :*** Roshan
Dil hee to hai (1963) ***Réalisateurs :*** C l.Rawal, P.L.Santoshi
Dhool Ka Phool(1959), Réalisateur : Yash Chopra, ***Musique :*** N.Dutta, ***Poèmes :*** Sahir Ludhianvi
Dharmaputra(1961), ***Réalisateur*** : Yash Chopra, ***Musique :*** N.Dutta, ***Poèmes :*** Sahir Ludhianvi
Lagaan (2001***), Réalisateur :*** Ashutosh Gowariker, ***Musique*** : A.R Rahman, ***Poèmes :*** Javed Akhtar
Junoon (1978***), Réalisateur*** : Shyam Benegal, ***Musique :*** Vanraj Bhatia , J.P Kaushik.
Mirza Ghalib(1988***), Réalisateu :*** ,Gulzar, ***Musique :*** Jagjit Singh, ***Poèmes :*** Mirza Ghalib
Mangal Pandey (2005), ***Réalisateur*** : Ketan Mehta, ***Musiqu***e : Anu Malik
Monsoon Wedding, Réalisateur : Mira Nair, ***Musiqu***e : Mychael Dann.
Mughal E Azam (1960***), Réalisateur :*** K.Asif, ***Musique :*** Naushad, ***Poèmes :*** Shakeel Badayuni
Pakeezah (1972)***, Réalisateur :*** Ka mal Amrohi, ***Musique :*** Ghulam Mohammed, ***Poèmes :*** Kaifi Aazmi
Rang de Basanti (2006), ***Réalisateur :*** Rakesh Omprakash Mehra, ***Musique :*** A R Rahman, ***Poèmes :*** Prasoon Joshi
Shatranj Key Khilareel(1977), ***Réalisateur:*** S ; Ray, ***Musique : S*** Ray.
Taj Mahal (1963***), Musique :*** Roshan, ***Poèmes :*** Sahir Ludhianvi.
Umrao Jaan (1981***), Réalisateur :*** Muzaffar Ali, ***Musique :*** Khayaam.

Umrao Jaan (2006), ***Réalisateur :*** J.P.Dutta, ***Musique :*** Anu Malik.
Waaris Shah (2006)**,** ***Réalisateur :*** Manoj Punj ***Musique***Jaidev Kumar,
Poèmes : Gurudass Mann

CHAPITRE X

LA NOTION DE CONFLIT DANS *LE SIEGE DE KRISHNAPUR*[123] DE J.G. FARRELL

Joëlle Harel, université Paris 12

L'histoire de l'Inde est faite d'une série d'invasions et de colonisations dont la région fut régulièrement victime depuis plus de 2000 ans, mais parfois les peuples qui la composent surent, eux aussi, envahir et imposer leur vision civilisatrice sur les contrées avoisinantes. Un simple regard sur un atlas historique fait découvrir une série de changements dans les frontières des Etats qui forment l'Inde aujourd'hui. Il est intéressant de noter que de grands courants qui façonnèrent l'Inde vinrent de l'étranger, comme l'Islam qui fut importé lors de plusieurs vagues successives mais sans réussir à éliminer l'hindouisme ni les nombreuses autres religions et cultures indiennes, puis vint la civilisation victorienne avec la Révolution industrielle et plus tard ce fut le tour de mouvements politiques internationaux comme le marxisme, puis le capitalisme moderne. La colonisation britannique est loin d'être un phénomène unique dans l'histoire du pays qui est faite de la combinaison plus ou moins pacifique de toutes ces influences et invasions avec les magnifiques cultures indiennes multimillénaires qui produisirent tant de monuments grandioses et de philosophies remarquables.

---

[123] J.G. Farrell, 1973, *The Siege of Krishnapur*, Londres, Orion, 2005.

Une des étapes de cette histoire mouvementée est l'épisode de la Révolte des Cipayes contre la Compagnie des Indes en 1857. *The Siege of Krishnapur* est un roman de crise qui porte sur un épisode de cette mutinerie. Il est écrit du point de vue anglais et montre la vie de quelques Britanniques de cette région, qui doivent subir la colère des cipayes sans la comprendre : « *la difficile question de saisir pourquoi, après 100 ans de généreuse domination au Bengale les indigènes se mettent en tête de revenir à l'anarchie du passé.* »[124] Les Anglais parviennent d'autant moins à saisir les causes véritables de ce soulèvement qu'ils savent que la grande majorité des Indiens n'a jamais rencontré de Britanniques et donc n'a eu ni à se féliciter ni à se plaindre de leur présence. Sans doute, faut-il lire, dans cette révolte, la volonté d'une élite locale de prendre le pouvoir sans se préoccuper d'épargner la vie de ses troupes ni se soucier d'améliorer la vie du peuple en cas de victoire. En effet, les relations qu'Hari ou son père, le maharadjah, entretenaient avec les hommes placés sous leur autorité ne démontraient pas une réelle attention quant à leurs conditions de vie : le pauvre premier ministre était la victime des fantaisies d'Hari et était réduit à l'état de pantin, tandis que les serviteurs du maharadjah veillaient au confort du sommeil de leur maître avec le plus grand dévouement.

A cause de l'attaque d'un campement militaire voisin, Captainganj, les Anglais se retranchent dans la Résidence de la Compagnie[125], dirigée par un personnage extraordinaire, M. Hopkins, appelé, « Le Collectionneur ». Il devient le chef de cette communauté de réfugiés encerclée par des ennemis déterminés à les tuer. Dans la Résidence s'abritent également des Sikhs et des Eurasiens chrétiens pris au piège avec les

---

[124] P.159

[125] L'activité de la Compagnie, à Krishnapur, est la fabrication de balles d'opium à destination du marché chinois afin de financer les achats de thé. A aucun moment de cette crise le commerce de l'opium n'est mis en question ni par les Anglais, très fiers de participer à la richesse nationale, ni par les cipayes ni par les chefs hindous locaux. Les Anglais eux-mêmes consommaient du laudanum, un dérivé opiacé, très largement utilisé en Angleterre à la même époque comme antalgique, anti-dépresseur et contre les difficultés de transit intestinal.

Anglais, suivis par leurs serviteurs indiens qui font payer de plus en plus cher leurs services.

Ce roman rend bien sûr hommage aux défenseurs de Lucknow[126] et de Cawnpore et des autres places moins célèbres qui furent aussi assiégées au cours de cette révolte. Le livre rédigé en 1973[127] n'est pas une œuvre scientifique d'historien[128], il ne prétend ni à l'objectivité ni à l'exhaustivité de l'étude du conflit, mais il retrace admirablement la façon de penser et de vivre des Anglais partis au loin, à la moitié du XIXème siècle, pour développer les intérêts économiques britanniques tout en apportant de nouvelles technologies aux territoires éloignés. L'auteur s'est largement servi des journaux personnels, des lettres et des documents de l'époque. Il ne s'agit en aucune manière de faire le plaidoyer d'une politique ou d'une autre, mais juste de faire découvrir la vie simple de personnages fidèles à la vie des héros qui leur ont servi de modèle. Le romancier n'approfondit pas les causes de la révolte, qu'il mentionne pour information, ni ses conséquences, pas plus qu'il n'analyse le contexte politique ou religieux. L'auteur donne à voir des étrangers face à un soulèvement de troupes considérées jusqu'à ce moment comme alliées[2]. Outre sa grande valeur littéraire, il permet au lecteur qui le souhaite de connaître la façon de penser des expatriés, à une époque où les courants politiques modernes offrent tant de relectures anachroniques qui ne correspondent pas à la réalité de l'époque.

---

[126] Le siège de Lucknow est l'exemple le plus célèbre de l'héroïsme de quelques Anglais assiégés pendant 87 jours et relevés le 25 septembre par un premier régiment d'Ecossais. La Résidence accueillit 3000 Anglais et 300 cipayes restés fidèles aux Anglais mais seules 900 personnes environ dont 350 soldats et 550 non combattants survécurent aux attaques et aux privations.

[127] J.G. Farrell reçut le Booker Price pour ce roman.

[128] Un document contemporain rédigé par un officier anglais donne de bonnes indications sur la réalité militaire vue du point de vue britannique de la Révolte des Cipayes qui embrasa une partie du territoire contrôlé par la Compagnie des Indes. CAIO. Colonel G.B. Malleson, CSI, *The Indian Mutiny of 1857,* Londres, Seeley & Co, 1891.

La Résidence est ainsi le théâtre des oppositions entre les classes sociales, en particulier parmi les Anglaises qui menaient leur propre petite guerre, sous le regard d'abord indulgent puis agacé du Collectionneur qui dut à plusieurs reprises leur imposer les règles d'une solidarité indispensable à la survie de tous : les dames de la bonne société cherchaient à affirmer leur supériorité sur les autres, les femmes vertueuses ostracisaient une femme séduite puis abandonnée par un militaire. La Résidence comptait quelques jeunes filles[129] et des dames qu'il fallait protéger des cipayes, ce qui alourdissait naturellement les charges du Collectionneur.

I) L'IMPREPARATION DES AUTORITES :

Le romancier souligne l'impréparation des autorités militaires et politiques britanniques et de leurs alliés face à un mouvement d'insurrection qui toucha les troupes auxiliaires. Or les soldats anglais ne représentaient qu'une fraction de l'armée des Indes[130].

L'attention du Collectionneur, personnage central du roman, fut tout d'abord alertée par la découverte, dans la maison, de chapatis[131] qu'il déchiffra comme le signe d'une menace : « *Bien que rien ne soit encore menaçant il vit sans l'ombre d'un doute qu'il y aurait des troubles* »[132]. Cet homme progressiste, admirateur des dernières techniques et collectionneur de nouvelles machines et d'œuvres d'art, était aussi un grand amateur de poésie. Sa grande sensibilité lui faisait percevoir les changements d'humeur des gens de son entourage et il pressentait qu'un malheur se préparait. Il courut avertir ses compatriotes à Calcutta où il resta plusieurs mois. Il

---

[129] Des jeunes filles, en grand nombre, venaient en Inde y trouver un mari car les guerres napoléoniennes d'abord, puis le départ d'un grand nombre de jeunes gens vers le reste de l'Empire, ensuite, limitaient sévèrement les possibilités de mariage pour les jeunes filles de la bonne société en Angleterre.

[130] La Compagnie des Indes avait constitué des armées placées au service des Résidences à Bombay, Madras, au Bengale : 40 000 Britanniques encadraient 200 000 cipayes, musulmans ou hindous.

[131] Les chapatis étaient alors utilisées comme code secret.

[132] p. 11

y rendit de nombreuses visites, il accepta même d'être pris pour un amuseur de salon car il voulait délivrer son message au plus grand nombre de personnes possible. Hélas, ce sacrifice fait à son amour-propre ne servit à rien, car s'il entendit rires et moqueries, il ne fut le témoin d'aucun préparatif contre la grande offensive qui s'organisait. Déçu, il rentra à Krishnapur où nul à part lui n'avait fait de provisions ni de fortifications.

Comme cela s'est passé à de nombreuses reprises dans l'histoire, et se passe encore de nos jours, les dirigeants préféraient ignorer les intuitions des Cassandres et se bercer d'illusions en s'appuyant sur la puissance militaire de leur pays ou sur le désastre qu'une guerre entraînerait pour ceux qui la déclencheraient. De plus, les grandes entreprises refusaient de payer les impôts nécessaires aux dépenses militaires. Les dirigeants rejetèrent donc avec mépris les messagers de mort, ces « *prophète[s] de malheur* »[133] qui les suppliaient d'organiser la défense du territoire dont ils avaient la charge. Or, le Collectionneur, en homme pragmatique, avait décidé, avant de partir à Calcutta, de renforcer les murs de la Résidence, « *un ingrédient essentiel de la civilisation* »[134], de creuser un fossé autour des remparts et d'accumuler des provisions de nourriture et de munitions. « *On se sentait en sécurité ici. Les murs étaient faits de très nombreuses briques indiennes roses, semblables à des gaufres, très épaisses* »[135].

L'auteur dénonce aussi une autre attitude, servant à expliquer rationnellement le manque de défense : il s'agissait d'ignorer la menace afin de ne pas montrer aux ennemis qu'on prenait leurs activités au sérieux ! Mieux valait ne pas s'armer que de révéler des inquiétudes bien légitimes. Or, ainsi que le Collectionneur le savait, « Qui veut la paix prépare la guerre ». Un armement conséquent et diversifié, des troupes nombreuses et aguerries, une intendance opérationnelle sont plus utiles que ces discours prétentieux qui font courir un danger certain aux soldats et aux civils.

Au moment du danger, le Collectionneur, accablé par tant de négligences, ne put que se tourner vers les quelques

---

[133] p.34
[134] p.9-10
[135] p.12

officiers qui l'avaient rejoint et sa bibliothèque pour y puiser de précieux conseils pour défendre la Résidence. Il lut des traités de Vauban et d'autres spécialistes des affaires militaires réputés. L'incurie des chefs mit en relief l'extraordinaire sens du devoir du Collectionneur qui rentra à Krishnapur sachant que des heures sombres approchaient.

L'attaque se précise lorsque les cipayes emportent la trésorerie de la ville alors qu'il aurait été si facile de mettre à l'abri cette somme ou de l'utiliser pour acheter davantage de canons et de munitions. Le Collectionneur fut le seul à pouvoir recueillir les Anglais du lieu : tout d'abord les planteurs d'indigo et leurs familles et les soldats survivants du poste militaire voisin. Bientôt, les défenseurs de la Résidence furent rejoints par un régiment de Sikhs et un groupe d'Eurasiens chrétiens qui craignaient des persécutions.

Les cipayes marquèrent un temps d'arrêt dans leur progression ne sachant s'ils devaient prendre d'abord Delhi et y instaurer un empereur ou continuer le combat contre les autres garnisons, laissant ainsi aux flots de réfugiés le temps d'atteindre le camp retranché. Puis ils décidèrent d'attaquer la Résidence.

II) CONFLIT CULTUREL ET MANIPULATION POLITIQUE :

A l'impréparation militaire s'ajouta l'aveuglement des chefs anglais qui pensaient avoir apaisé la colère des cipayes dont un groupe s'était soulevé à Barrackpur quelque temps auparavant : « *Non... Tout s'est calmé à notre arrivée. Mais il n'y a pas eu grand-chose. Un ou deux coups de feu dans les rangs indigènes et des rumeurs au sujet des nouvelles cartouches* »[136]. Pour l'état-major, l'annonce d'un changement dans la manière de déchirer l'enveloppe de poudre devait suffire à calmer les esprits. L'auteur tient à mettre l'accent avec amertume sur l'erreur d'appréciation commise par les officiers

[136] p.31 « *D'une façon ou d'une autre il en vint à croire que c'était de la graisse de vache et de porc et il n'y mettrait pas les lèvres car c'était aller contre sa religion* », p.31.

supérieurs sur la récupération politique qui pouvait être faite de la présence de graisse de porc ou de bœuf dans les cartouches.

Or, la nécessité de libérer la poudre de sa protection et de graisser les munitions afin que la balle glisse correctement dans le canon de leurs fusils fut exploitée par les chefs religieux des cipayes qui prétendirent que les Anglais recouraient à ce moyen pour convertir au Christianisme les soldats musulmans à leur insu. « *Le Général Hearsey a été obligé de parler aux sepoys de Barrackpur pour leur assurer qu'il n'y avait aucune intention de les convertir de force au christianisme. Nul ne pouvait devenir chrétien sans lire et comprendre le Livre et en prendre soi-même la décision* »[137]. Mais la récupération politique par les chefs de la rébellion, qui cherchaient à restaurer l'empire moghol, avait été très facile : comment les cipayes ne se seraient-ils soulevés contre un ordre qui semblait en opposition directe avec une de leurs obligations religieuse ? Ils se lancèrent à l'assaut des garnisons anglaises.

De leur côté, les Anglais furent victimes des mêmes malentendus de la part des Indiens. En effet, le peu de cas fait par le peuple aux nouvelles techniques et à leurs conseils attrista profondément les Anglais. Et si le Collectionneur parut renoncer à diffuser le progrès scientifique, à la fin du livre, c'est parce qu'il était désespéré de voir que les nouvelles machines qu'il avait rapportées d'Angleterre et offertes aux Indiens n'avaient pas suffi à les convertir à la Révolution Industrielle, malgré tous ses efforts : « *Mais Hopkins avait été plus loin. Non seulement était-il revenu en Inde plein d'idées sur l'hygiène, les rotations des cultures, les égouts, il avait aussi consacré une bonne partie de sa fortune à ramener en Inde des exemples d'art européen en croyant faire ce qu'autrefois les Romains firent pour l'Angleterre* » [138]. Les Anglais avaient aussi bâti des maisons d'ouvriers modernes à un étage, les *Prince Albert's Houses,* en remplacement des cabanes sordides où vivaient les employés locaux de la Compagnie... Comment les Indiens pouvaient-ils négliger l'importance de ces bienfaits, se demandait Hopkins ? De la même manière, le jeune Fleury était venu en Inde avec le

---

[137] p.33.
[138] p.34.

dessein de rédiger un annuaire de toutes les avancées techniques et sociales que la Compagnie avait faites en Inde : « *un canal avait été creusé et quelques pratiques cruelles, comme l'infanticide et la Sati avaient été interdites* »[139].

Le début du roman donne l'occasion de ces conversations. Mais le Collectionneur, au cours du siège de Krishnapur, ne peut s'illusionner davantage, le progrès n'a pas gagné les cœurs. Le romancier avertit le lecteur que, malgré toutes ces inventions et ces améliorations, les Anglais n'avaient pas conquis l'âme des Indiens. Or c'est l'absence de ralliement spirituel qui creusa un fossé entre cette nouvelle invasion et la population.

Si les élites accueillaient assez volontiers les nouveautés techniques et la présence des Anglais, comme Hari, le fils du maharadjah, au contraire de son père qui espérait tirer profit de la déroute des Anglais, le peuple se montrait beaucoup moins amical. Ainsi un lion (symbole de la Grande Bretagne) enchaîné à un mur entre deux vieillards fut-il placé bien en évidence sur le chemin de la colonne militaire qui rentra au poste avancé de Krishnapur.

L'incompréhension culturelle se manifestait à tout instant. Ainsi lorsque les petits Indiens baptisés, affamés, reçurent des bonbons des mains des petits Anglais, ils les jetèrent par crainte d'être pollués par des infidèles. Etre Chrétien ne les empêchait donc pas d'obéir aux préceptes hindous ! Dans une autre scène, Farrell montre des Brahmanes qui se moquaient des exhortations du Magistrat et refusaient de faire creuser davantage les canaux d'irrigation pour sauver les terres au moment de la mousson. Les grands prêtres attendirent avec sagesse la période de décrue de la rivière et sacrifièrent deux chèvres noires pour obtenir de leurs Dieux la baisse des eaux. Grâce à ce stratagème, ils gardèrent leur prestige auprès de la population impressionnée par leur pouvoir sur les éléments :

> « *L'un d'eux demanda s'il se souvenait comment le Sahib magistrat avait tenté de les obliger à renforcer*

[139] p.38.

la rive, ce qui les amusa tant qu'un propriétaire foncier en tomba presque dans la rivière »[140].

Le fossé entre les communautés s'élargit encore lorsque le Magistrat, déçu par l'attitude des Indiens, renonça à ses idéaux : « *Il comprit que sa foi dans les gens était morte.... Il n'aimait plus les pauvres comme doit le faire un révolutionnaire. Ils étaient stupides, aussi stupides que les riches* »[141].

Cependant, malgré toutes leurs différences, les soldats des deux parties se rejoignaient sur un point : la noblesse de leur cause. Car si les cipayes se battaient pour leur religion, les Anglais se défendaient pour la gloire de leur pays : « *Le drapeau était essentiel au moral de la garnison ; cela leur rappelait qu'ils se battaient pour quelque chose de plus important que leur peau* »[142].

Chaque pays honorera ses héros mais ce que l'Angleterre retiendra de ces longs mois de souffrance, c'est l'indomptable courage des défenseurs qui résistèrent jusqu'à la dernière extrémité et étaient prêts à se faire sauter avec les dernières livres d'explosifs afin de ne pas être faits prisonniers et de ne pas connaître l'horrible sort fait aux prisonniers qui s'étaient rendus[143]. Car, contrairement aux rumeurs savamment distillées par les Indiens à l'armée britannique et qui retardèrent l'arrivée des secours, des hommes, des femmes et des enfants étaient encore vivants dans la Résidence et « *un Union Jack en lambeaux flottait encore* »[144]. Le lecteur pourrait rapprocher la résistance héroïque d'Hopkins, face à des troupes toujours reconstituées qui se lançaient à l'assaut de la

---

[140] p.242.
[141] p.258.
[142] p.167.
[143] A Cawnpore, les hommes furent immédiatement exécutés, les femmes emmenées dans un harem, Bibi-Ghar, avec les enfants. Les prisonniers furent tués à l'arme blanche et coupés en morceaux puis jetés dans un puits. Cawnpore resta le cri de guerre des Anglais jusqu'à la fin du conflit. La répression fut sanglante [La Révolte des Cipayes, www.fr.wikepedia.org/wiki/R%/C3%A9volte_des_Cipayes, 22/3/2007].
[144] p.308.

Résidence, semaine après semaine, du combat que l'auteur a livré depuis l'âge de vingt ans à la poliomyélite. En effet, John Farrell fut brusquement attaqué par un ennemi implacable contre lequel il lutta pendant de longues décennies avant que son état de santé n'empire au point qu'il préféra, peut-être, se retirer avec dignité du champ de bataille, tout comme Hopkins envisageait de le faire en cas de nécessité à la fin du siège.

III) DU CONFLIT MILITAIRE A LA GUERRE DE CIVILISATION :

Si le roman retrace les combats de quelques personnages principaux qui, malgré le grand nombre de pertes, opposèrent une résistance farouche à leurs ennemis, on assiste aussi aux réflexions personnelles souvent ironiques et aux discussions philosophiques ou scientifiques de quelques-uns, bien éloignées de la crise politique qu'ils subissaient, mais qui les aidaient à rester fidèles à eux-mêmes, à conserver leur identité et à soutenir leur courage face aux souffrances qu'ils enduraient. L'auteur sut ne pas faire des caricatures de ses personnages en leur donnant des traits positifs et négatifs et en définissant l'importance des rôles attribués par la société à chacun, mais ce qui est le plus remarquable c'est la lente évolution de ces personnages et la crédibilité de la construction psychologique qui convainc le lecteur du réalisme de ces portraits[145].

Par ailleurs, l'auteur explore la notion de conflit à différents niveaux, parallèlement à la bataille centrale qui opposa les deux armées. En effet, les Anglais furent soumis à toute une série d'attaques. Outre les assauts de leurs ennemis, les assiégés durent aussi lutter contre des fléaux de dimension biblique : ce fut d'abord la sécheresse et la chaleur, puis la mousson et les pluies qui ravinèrent impitoyablement les murs de terre derrière lesquels s'abritaient les soldats. Le

[145] Il est de bon ton au XXIème siècle de considérer que tous les comportements d'Européens engagés au cours des siècles précédents dans l'expansion économique de leur pays doivent susciter la dérision et le mépris, alors que tant de mouvements migratoires pour des raisons économiques se produisent aujourd'hui et que personne ne penserait à se gausser des us et coutumes des nouveaux arrivants.

Collectionneur, tel Sisyphe, décida de refaire ces murs boueux, jour après jour. Sous le déluge qui réduisait à néant ses tentatives de restauration, le Collectionneur ordonna que fusse érigée une barricade de fortune, faite de tous les meubles et des statues qui ornent la Résidence. Bientôt les objets les plus hétéroclites s'enfoncèrent dans la boue les uns après les autres jusqu'à ce que les pluies s'espacent. Puis soudain les Anglais affrontèrent une monstrueuse invasion de hannetons et de fourmis blanches, tandis qu'un nuage de mouches et de moustiques les entourait continuellement. Un autre supplice leur fut infligé, celui de Tantale, car avertis par les serviteurs qui avaient fui la résidence du manque de nourriture dont souffraient les assiégés, de riches notables indiens pique-niquaient régulièrement à distance respectable du canon britannique et observaient au télescope les progrès de la faim sur le visage de leurs ennemis exécrés. Sur le plan sanitaire, les choses n'étaient pas meilleures, outre les infections et les amputations, le choléra fit son apparition. Cela donna l'occasion à l'auteur de se faire l'écho des discussions médicales de l'époque sur les germes et les miasmes et les différences de traitements à appliquer en cas de choléra.

Ces épreuves tendaient à contraindre les Anglais d'abandonner leur art de vivre, leur identité, leur fierté car l'enjeu du siège n'était pas seulement d'échapper à la mort, il s'agissait aussi de rester fidèle à sa civilisation. Ainsi, Fleury eut-il la tristesse de voir que sa petite chienne épagneule, qu'il n'avait pu protéger des combats, était devenue sauvage et avait rejoint le groupe des charognards, des « *pariah dogs* ». Il la fit abattre de dégoût. Vivre en Inde ne voulait pas dire oublier toute l'éducation britannique. En effet, l'auteur a mis l'accent sur l'enjeu fondamental de la Révolte des Cipayes et la résistance anglaise qui conduira à l'instauration du Raj : il s'agissait d'une guerre de civilisation où chacune des parties était prête à mourir pour défendre son idéal, sa culture et son identité :

> « *Nous avons décidé de garder assez de poudre pour nous faire sauter si le pire advient. Nous sommes tous d'accord, je pense, qu'il vaut mieux mourir dignement*

de cette façon plutôt que de subir un sort plus terrible aux mains de l'ennemi »[146].

CONCLUSION :

La notion de progrès qui anima le Collectionneur, Résident de la Compagnie à Krishnapur, triomphe en Inde avec l'arrivée des Européens et l'instauration du pouvoir de la Compagnie, puis avec l'établissement de l'Empire Britannique des Indes à la suite de la Révolte des Cipayes et plus récemment avec la mondialisation qui, grâce aux transferts de technologie, impose les découvertes occidentales partout dans le monde et, cette fois, à la demande même des dirigeants des pays émergents. Peut-être tout ceci était-il trop nouveau en 1857 ? La lutte pour la domination des esprits à laquelle se livrèrent les élites religieuses démontra que les dirigeants locaux comprirent le danger et lancèrent ****** leurs forces pour rétablir leur autorité morale et militaire sur des hommes qui avaient accepté de travailler pour les envahisseurs. Mais le progrès technique et l'expansion territoriale d'une grande puissance ne pouvaient voir leur élan si aisément contrarié.

La dernière vision de l'Inde qu'eut le Collectionneur de ces paysans indiens qui, avec le concours de leurs buffles, faisaient remonter des outres pleines d'eau d'un puits, est à opposer au développement de l'Inde de 1857 à 1947 sous la direction des Britanniques et depuis peu au XXIème siècle avec l'essor commercial des multinationales. Le désespoir[147] du Collectionneur fut celui d'un homme qui n'eut pas le temps de voir ses idéaux mis en pratique et qui crut s'être trompé. Mais l'avenir lui donna raison.

---

[146] p. 281.

[147] « *On ne pouvait plus croire à la fiction que les indigènes étaient dirigés dans la voie de la civilisation* » p.226.

CHAPITRE XI

« SOUVIENS-TOI DE CAWNPORE » LA REVOLTE DE 1857 DANS *LA MAISON A VAPEUR* DE JULES VERNE

Dhana Underwood, université de Liverpool.

Jules Verne, dans *La Maison à Vapeur* (1879)[148] nous plonge dans une aventure pittoresque et fantastique dans l'Inde septentrionale. En faisant réapparaître un des personnages historiques de 1857, le fameux Nana Sahib, une dizaine d'années après, et en se ressourçant au conflit de la Révolte des Cipayes[149], il aborde et poursuit cet épisode controversé de l'histoire de l'Inde.

L'intrigue du roman est très simple : le Colonel Munro, de l'armée britannique, pleure toujours son épouse, massacrée

---

[148] Jules Verne, *La Maison à vapeur, voyage à travers l'Inde septentrionale* (Paris : Hachette, 1979) Edition originale (Paris : Hetzel, 1879).

[149] La Révolte des Cipayes fut un soulèvement très intense dans le Nord et le centre de l'Inde, révolte qui se déclencha le 10 mai 1857, suite au refus des Cipayes d'avoir à déchirer avec les dents des cartouches contenant des graisses de bœuf ou de porc interdites dans la religion hindoue et la religion musulmane respectivement. Les Cipayes étaient des soldats sous les ordres des Britanniques de l'armée de la Compagnie des Indes Orientales. Le mot Cipaye vient de l'hindi *shipahi.*

parmi 200 autres victimes à Cawnpore, le 27 Juin 1857, sur l'ordre de Nana Sahib, suite à la Révolte des Cipayes. Le colonel voue une haine féroce à Nana Sahib. Quand son ami, l'ingénieur Banks, dans le but de lui faire oublier son grand chagrin, lui offre l'occasion de voyager avec le capitaine Hod, « chasseur émérite »[150], et le Français Maucler, dans le fameux géant d'acier, train modifié en un éléphant à vapeur, routier et amphibie, dans l'Inde du Nord, Munro est content d'accepter cette offre très opportune. Il nourrit l'espoir de pouvoir retrouver Nana sahib et d'assouvir sa soif de vengeance : tuer le chef de la Révolte des Cipayes et clore cet épisode tragique de sa vie et de la colonisation britannique. Donc, la maison à vapeur, un éléphant mécanique, entraîne les personnages ainsi que les lecteurs à vivre une série d'aventures : incendies de forêts, chasse aux tigres, traversée des lacs pour aboutir finalement en plein dans la contrée des rebelles indiens. Munro finit par être capturé par Nana Sahib. Or, c'est durant sa captivité que Munro rencontre « *La Flamme Errante [...] figure pâle [...] tenant à la main une branche résineuse allumée* »[151], qui flâne dans les collines librement, respectée précisément, parce qu'elle est jugée folle. Or, nous l'avons déjà deviné : la Flamme Errante n'est autre que Lady Munro, échappée du puits de Cawnpore. Mais l'épisode sanglant lui avait dérobé la raison. L'aventure se conclut après diverses péripéties lorsque les protagonistes du roman, qui comprennent une dizaine de personnes, réussissent à s'enfuir, laissant Nana Sahib et ses acolytes périr dans l'explosion de l'éléphant mécanique.

A première vue, ce roman s'inscrit sans aucun doute dans la ligne des romans écrits pour les jeunes et d'autres lecteurs avides d'émotions fortes, mais nous soutenons que, loin d'être un simple roman qui vise un lectorat féru d'aventures, cette œuvre s'approprie un épisode épineux, la Révolte des Cipayes de 1857, comme un fil conducteur pour mettre en avant des thèmes complexes et controversés. Un des premiers thèmes, c'est qu'en contradiction avec la colonisation britannique la colonisation française de l'Inde aurait été beaucoup plus généreuse et respectueuse du peuple autochtone du fait du

[150] *La Maison à vapeur*, p. 25.
[151] Ibid., p. 209.

modèle humaniste de la mission civilisatrice française.[152] A cet égard, le peuple indien n'aurait pas eu de tels griefs et une telle révolte n'aurait jamais eu lieu. En second lieu, l'auteur ne se contente pas de décrire cet événement historique et toutes les atrocités de la révolte à partir de la perspective des protagonistes britanniques mais aussi de celle des Indiens. Il nous laisse voir clairement que cet épisode s'impose aux Indiens comme métaphore d'un mouvement plus profond et décisif, signalant le début de la lutte vers l'indépendance.[153] Verne donne l'occasion à un des personnages, Kalagani, travaillant pour Munro, mais en fait à la solde de Nana Sahib, de qualifier l'épisode de 1857 de « *guerre d'indépendance* ».[154]

Pour revenir à notre premier point, il nous faut remarquer que les Français n'ont jamais pardonné aux Anglais de s'être approprié si brutalement l'objet de leurs rêves de colonisation pour satisfaire leurs propres intérêts. Malgré le fait d'avoir établi cinq comptoirs en Inde depuis la fondation de la Compagnie des Indes orientales par Colbert en 1664, la France s'est heurtée au « *génie colonisateur des Anglais* »[155] pendant la deuxième moitié du XVIIIe siècle et a dû capituler face à l'hégémonie britannique après le Traité de Paris en 1814.[156] Nous sommes conscients qu'à travers l'imaginaire, les écrivains essaient de renégocier la complexité de ce triangle Inde-France-Grande Bretagne en occultant les Anglais.[157] Et, c'est dans cette

---

[152] Les responsables de la mission civilisatrice française en Inde se sont toujours vantés que, contrairement aux Anglais, ils appliquaient dans les colonies, sans distinction de race, les principes de liberté, égalité, fraternité préconisés en métropole.

[153] Il faut souligner que la Révolte des Cipayes tient une place importante dans la lutte des Indiens pour secouer le joug impérialiste. Cette révolte s'inscrit symboliquement comme un moment déterminant dans leur longue lutte pour l'indépendance de leur pays, finalement conquise en 1947.

[154] Ibid., p. 328.

[155] Voir Jules Verne, *Le Tour du monde en quatre-vingts jours*, (Paris : Editions J. Hetzel et Cie., 1998, [1873]), p. 104.

[156] La France dut alors renoncer à conserver la suprématie en Inde et, se conformant au Traité, elle fut contrainte de reconnaître la souveraineté britannique.

[157] Voir Dr. I. H. Magedera, directeur du centre de recherches, 'India-France-Great Britain', Université de Liverpool.

Inde, sous domination anglaise, où les Français sont refoulés à l'arrière plan comme colonisateur-colonisé, que Maucler, un jeune voyageur Français, ami de l'ingénieur Banks, s'impose en tant que narrateur et commentateur. Notons le jeu de mot que ce nom inspire : doit-on interpréter ce nom de Maucler comme Mot-clair et Verne nous promet-il à travers ce narrateur de nous donner une version plus éclairée de l'événement ? Il n'y a pas de doute que Maucler nous donne un témoignage historique. Il nous conte tout au long du roman les raisons menant à la Révolte des Cipayes et les griefs du peuple colonisé. A cet égard, en lisant le sous-texte qui se ramifie dans l'œuvre de Verne, nous comprenons que l'Angleterre semble avoir abusé de son pouvoir et ne semble pas avoir apprécié la docilité des Indiens. Un mécontentement général, causé par une série d'interdictions culturelles et religieuses,[158] taxations et mesures oppressives, longtemps intériorisé, finit par faire surface. En somme, la révolte des Indiens est justifiée.

> *Les Anglais, dit justement M. Grandidier, ont été heureux de rencontrer dans ce grand et magnifique pays un peuple doux, industrieux, civilisé, et de longue date façonné à tous les jougs. Mais qu'ils y prennent garde, la douceur a ses limites, et que le joug ne soit pas écrasant, ou les têtes se redressent un jour et le brisent.*[159]

Si la nécessité d'avoir à déchirer de leurs dents les cartouches faites de graisse animale du fusil Lee-Enfield « *devait [...] provoquer à son début le premier mouvement insurrectionnel de 1857,* »[160] nous sommes conscients, comme le souligne l'auteur, que cette raison n'est que superficielle car

---

[158] Les Anglais imposèrent des réformes, notamment : l'interdiction des mariages d'enfants et de la pratique du sati. Le sati est la pratique de l'auto-immolation de la veuve sur le bûcher funéraire de son époux. Voir Dhana Underwood, thèse, *Victime ou déesse sexualisée : La représentation de la femme indienne à l'époque coloniale de 1744 à 1930, étude des œuvres littéraires de langue française,* chapitre 2, pp. 60-140.

[159] *La Maison à vapeur*, pp. 47-8.

[160] Ibid., pp. 34-5.

elle cache des griefs plus sérieux. Or, le roman nous donne à croire que les récriminations de Nana Sahib, « *un des chefs importants, brave, audacieux* »[161], sont justifiées. En somme, les Anglais méritèrent ce qui leur arriva puisqu'ils avaient contrarié le peuple indien par des lois dures et excessives.

> *C'était une haine à mort que le Nana avait vouée aux possesseurs de l'Inde. Il était l'héritier de Baji-Rao, et, lorsque le Peïschwah mourut en 1851, la Compagnie refusa de continuer à lui servir la pension de huit lakhs de roupies à laquelle il avait droit. De là, une des causes de cette haine.*[162]

Notons que Jules Verne est bien connu pour son anglophilie, clairement exprimée dans ses autres œuvres, mais paradoxalement, il ressent aussi une sorte d'admiration envers ceux qui osent résister à l'ordre colonial britannique. En positionnant le personnage de Nana Sahib comme central et charismatique, « *véritable moulti, moitié dieu, moitié homme* »[163] dans la Révolte des Cipayes, il dévoile non seulement sa sympathie pour les rebelles mais ose exprimer, comme d'autres auteurs[164], qu'en comparaison avec l'intransigeance britannique et la dureté de leur colonialisme, les colonisateurs français auraient appliqué les principes des Lumières, à savoir la liberté, l'égalité, la fraternité.[165] Les

---

[161] Ibid., p. 49.

[162] Ibid., p. 49. Notons que d'après la Doctrine de préemption ou la Doctrine du Lapse, établie par Dalhousie, la Compagnie Anglaise des Indes Orientales s'arrogeait le droit d'autoriser la validation des héritiers adoptés. En pratique, la validation ne se faisait presque jamais et la plupart des terres passaient ainsi sous la juridiction britannique. De surcroît, on refusa aux héritiers adoptifs la pension redevable.

[163] Ibid., p. 212.

[164] Ce thème a déjà été mentionné par J. Verne, *Le Tour du monde en quatre-vingts jours*, repris aussi par Pierre Loti, *L'Inde (sans les Anglais)* (1903), ou encore par Georges Delamare, *Désordres à Pondichéry* (1935) entre autres.

[165] Voir Jacques Weber, *Pondichéry et les comptoirs de l'Inde après Dupleix* (Paris : Editions Denoël, 1996). Jacques Weber, comme d'autres historiens, maintient que les colonisateurs français savaient

Français ressentent tout comme les Indiens, la dureté des taxes et restrictions imposées par l'hégémonie britannique.[166] En racontant comment les Anglais soumirent les princes indiens à des taxes excessives et s'approprièrent les richesses des Maharajahs sous prétexte qu'ils n'avaient pas de descendance directe, Verne nous laisse entendre que la France aurait été « *l'exemple d'une colonisation généreuse face à une occupation sans âme* »[167], pour reprendre les mots de Hubert Morel dans le roman de Georges Delamare, *Désordres à Pondichéry* (1935), quelques décennies plus tard.

Or, cette étape sanglante de l'histoire de l'Inde avait déjà marqué l'opinion européenne, notamment quant aux représailles les plus féroces : massacrer les rebelles après les avoir attachés à des canons ou les forcer à « *lécher et nettoyer de leur langue du sang resté dans la maison où les victimes avaient péri.* »[168] Ces abus finirent par exposer les graves tensions coloniales, les conflits de race, de valeurs et d'hégémonie qui se développaient en Inde, découvrant la fragilité et même la dureté de la domination britannique. Même en Angleterre, il y eut des protestations comme nous l'indique Verne : « *Terribles représailles contre lesquelles non sans raison peut-être, M. Gladstone protesta avec énergie au parlement* ».[169] En France, les journaux[170] en parlèrent et Karl

---

respecter la culture indienne. « *Confrontés à une complexe mosaïque de religions et de castes et à des populations par-dessus tout attachées à leurs cultes et à leur organisation sociale, les premiers administrateurs français n'eurent d'autre parti que de faire respecter le Mamoul [les traditions indiennes] et le statu quo social [...] Les Indiens qui ressentent une certaine répugnance au contact des Européens, semblent préférer les Français aux Britanniques* », p. 90.

166 Depuis le Traité de Paris de 1815, les comptoirs français de l'Inde, Pondichéry, Chandernagor, Karikal, Yanaon et Mahé doivent se soumettre à des restrictions et à des taxes douanières. Les Français en Inde vivent mal cette impuissance et le changement de leur statut de colonisateur à celui de « colonisé » tout comme les autochtones.

167 Georges Delamare, *Désordres à Pondichéry* (Paris : Editions Kailash, 1997), p. 114.

168 *La Maison à vapeur*, p. 42.

169 Ibid., p. 42.

170 Randeep Ramesh dans son article, '1857 revisited', *The Guardian*, New Delhi, August 2007 cite le journal *L'Estafette*, qui préconise que

Marx de son côté exposa les injustices de l'impérialisme britannique.[171]

L'intérêt de Verne à reprendre l'histoire de cette « *haine inassouvie tant au cœur des vaincus, assoiffés de vengeance, qu'à celui des vainqueurs [...] dix ans après* »[172], c'est que l'auteur veut offrir à ses lecteurs une représentation des problèmes politiques de son temps. L'Inde non seulement lui fournit un cadre mais en s'appropriant la Révolte des Cipayes, événement causé par la politique d'une colonisation dominante, l'auteur nous révèle les conséquences des abus perpétrés par une telle colonisation. En somme, les Anglais se considéraient les maîtres en Inde et l'épisode de Cawnpore fut une insulte à l'hégémonie britannique, en quelque sorte « *une vengeance légitime* »[173], qu'il fallait à tout prix relever. Il tient à

---

le devoir des Français est d'aller au secours des Indiens « Intervene in favour of the Indians, launch all our squadrons on the seas, join our efforts with those of Russia against British rule... such is the policy truly worthy of the glorious traditions of France ». http//www.guardian.co.uk. « *Intervenir en faveur des Indiens, lancer tous nos escadrons sur les océans, unir nos efforts avec ceux des Russes contre la domination britannique... tel est le principe vraiment digne des traditions glorieuses de la France* ».

[171] Ibid., Randeep Ramesh cite l'article de Karl Marx, "The Indian Revolt" du New-York, Daily Tribune, 16 August 1857, "*We have here given but a brief and mildly-colored chapter from the real history of British rule in India. In view of such facts, dispassionate and thoughtful men may perhaps be led to ask whether a people are not justified in attempting to expel the foreign conquerors who have so abused their subjects. And if the English could do these things in cold blood, is it surprising that the insurgent Hindus [Indians] should be guilty, in the fury of revolt and conflict, of the crimes and cruelties alleged against them". « Nous n'avons donné ici qu'un chapitre bref et assez coloré de la véritable histoire de l'hégémonie britannique en Inde. Face à de tels faits, des hommes objectifs et sérieux peuvent se demander si un peuple n'est pas justifié de tenter de repousser les conquérants étrangers qui ont ainsi maltraité leurs sujets. Et si les Anglais ont pu commettre de telles actes de sang froid, est-il surprenant que les Indiens insurgés se soient rendus coupables, dans la fureur de la révolte et du conflit, des crimes et des cruautés dont on les accuse* ».

[172] *La Maison à vapeur*, pp. 42-3.

[173] Ibid., p. 90.

souligner la validité des récriminations du peuple indien. Ainsi, en redonnant voix à Nana Sahib, dix ans après, l'auteur revendique la version indienne de l'événement de 1857. Au cœur même du discours des deux frères rebelles, Nana Sahib et Balao Rao, se tiennent des diatribes nationalistes puisqu'ils « *préparaient les esprits à un soulèvement national* ».[174] La trajectoire de la maison à vapeur dans la contrée centrale de la péninsule, sur les pas du chef des rebelles, évoque le mécontentement du peuple et nous fait découvrir des mouvements de résistance. Verne nous laisse croire que la Révolte des Cipayes, guerre d'indépendance, avait pris racine et que déjà le germe d'un mouvement national prenait forme. « *Dans cette région centrale de la péninsule, au lieu d'une simple insurrection militaire, il [Nana Sahib] espérait, cette fois, provoquer un mouvement national, auquel prendraient part les Indous de toute caste* »[175]. Quand le roman fut écrit, en 1879, la notion de la péninsule comme une nation n'était pas un concept largement répandu ni même établi. La question à se poser ? Pourquoi cette note de sympathie de la part de l'auteur et pourquoi la revendication de cette révolte comme une lutte pour l'indépendance ? C'est qu'au fond, Verne essaie de redresser la balance du pouvoir au profit des Français à travers l'écriture, avec, il est vrai, une certaine discrétion. En adoptant symboliquement la révolte des Indiens comme la leur, les défaites qu'ils ont subies des mains des Anglais s'effaceront et laisseront à leur place la mémoire d'une colonisation basée sur le grand et généreux modèle de la mission civilisatrice française. On découvre ici un message subtil : ce sont les Français, qui savent respecter les droits et coutumes dans la grande tradition française. Contrairement aux Anglais, ils laissent sur leur passage le souvenir d'une colonisation généreuse. Pour reprendre ces mots de propagande coloniale de Claude Farrère, *L'Inde perdue* (1935), « *Sur toute la terre, il n'est qu'un seul homme qui sache coloniser, et c'est le Français* »[176]. En effet, Verne ne s'interroge pas et ne remet pas en cause la mission civilisatrice française en Inde et il reste très

---

[174] Ibid., p. 212.
[175] Ibid., p. 204.
[176] Voir Claude Farrère, *L'Inde perdue*, (Paris : Editions Kailash, 1992) p. 20.

discret en ce qui concerne les conséquences négatives de la colonisation française. Or, c'est le Français, Maucler, qui a été choisi pour être une sorte d'arbitre dans le récit en opposant et juxtaposant la représentation de l'événement par les protagonistes anglais et indiens. Si, à cet égard, nous observons certaines ambiguïtés dans les affirmations contenues dans l'œuvre et si l'intrigue à la fin du roman se termine sur l'expression d'une solidarité franco-britannique, nous avons, cependant, la nette impression que, contrairement aux Français en Inde, les Anglais ne laissent sur leur passage que ressentiments, désolations et haines.[177]

> *On a dit,- plaisamment, je suppose, - qu'il n'y avait pas de serpent, autrefois à la Martinique et que ce sont les Anglais qui les y ont importés lorsqu'ils ont dû rendre l'île à la France. Les Français n'ont pas eu à user de ce genre de représailles quand ils ont abandonné leurs conquêtes en l'Inde. C'était inutile et il faut convenir que la nature s'est montrée prodigue à cet égard'.*[178]

En guise de conclusion, nous voudrions souligner ces deux mots que l'un des soldats d'Havelock avait tracés avec sa baïonnette sur la margelle du puits : « Remember Cawnpore », « Souviens-toi de Cawnpore »[179]. S'il faut se rappeler de ces mots, c'est qu'ils sont porteurs de messages importants. Dans un premier temps, ils nous indiquent les horreurs perpétrées à l'occasion de la domination coloniale d'un peuple par un autre. Mais nous avons essayé de démontrer que l'auteur veut souligner, dans son élan patriotique, qu'une telle révolte n'aurait pas eu lieu si les Français avaient été les maîtres de

---

[177] Malgré le désir de Verne d'être objectif, il glisse de temps en temps des petites piques contre la colonisation britannique, par exemple, il condamne à travers Maucler, la mécanisation sans âme de l'Inde. « *Je ne veux pas médire les chemins de fer puisque votre métier est d'en construire, mais se calfeutrer dans le compartiment d'un wagon [...], ne s'arrêter aux gares qui se ressemblent toutes, ne voir des villes que de l'extérieur des murailles [..] est-ce que c'est voyager cela !* », pp. 18-9.

[178] Ibid., p. 253.

[179] Ibid., p. 138.

l'Inde puisque leur colonisation est plus bienveillante et prend en compte les besoins sociaux et affectifs de la population dominée. En deuxième lieu, en montrant les griefs des rebelles, l'auteur reconnait que la révolte du peuple asservi est justifiée. En fin de compte, la lutte contre cette colonisation anglaise, distante, calculée, froide et sans romantisme est surdéterminée par la lutte que se livrent deux colonisations rivales.

BIBLIOGRAPHIE :

CHESNEAUX, JEAN, *Jules Verne, un regard sur le monde* (Paris : Editions Bayard, 2001)

COHN, Bernard, *Colonialism and its forms of Knowledge, The British in India* (Princeton : Princeton University Press, 1996)

DELAMARE, Georges, *Désordres à Pondichéry* (Paris : Editions Kailash, 1997)

DODWELL, H. H., *The Cambridge History of India, Volume V, British India, 1477-1888* (Cambridge : Cambridge University Press, 1929)

DUNBAR, Sir George, *A History of India from The Earliest Times to the Present Day* (London : Ivor Nicholson and Watson, 1936)

GIRARDET, Raoul, *L'idée coloniale en France de 1871 à 1962* (Paris : La Table Ronde, 1972)

FARRERE, Claude, *L'Inde perdue* (Paris : Editions Kailash, 1998

FERRO, Marc, *Histoire des colonisations, des conquêtes aux indépendances, XIIIe-XXe siècles* (Paris : Editions du Seuil, 1994)

LOTI, Pierre, *L'Inde (sans les Anglais)* (Paris : Editeurs Calmann-Lévy, 1903)

RANDEEP Ramesh, '1857 revisited', The Guardian, New Delhi, August 2007

VERNE, Jules, *La Maison à vapeur, voyage à travers l'Inde septentrionale* (Paris : Hachette, 1979) Edition originale (Paris : Hetzel, 1879)

VERNE, Jules, *Le Tour du monde en quatre-vingts jours* (Paris : Hetzel, 1998 [1873])

WARREN, Edouard, *L'Inde anglaise avant et après l'insurrection de 1857* (2 tomes) (Paris : Editions Kailash, 1994 [1843])

WEBER, Jacques, *Pondichéry, et les comptoirs de l'inde après Dupleix* (Paris : Editions Denoël, 1960)

CHAPITRE XII

A FLIGHT OF PIGEONS DE RUSKIN BOND ET *JUNOON* DE SHYAM BENEGAL : LA REVOLTE DES CIPAYES VUE DU ZENANA

Evelyne Hanquart-Turner, Université Paris 12 (IMAGER EA 3958)

Le mode narratif de Ruskin Bond se caractérise la plupart du temps par son emploi de la première personne, ce qui donne à ses nombreuses nouvelles en particulier un tour intimiste et très personnel[180], d'ailleurs un nombre non négligeable d'entre elles est ouvertement autobiographique, du moins dans une certaine mesure. « A Flight of Pigeons »[181] fait partie de ces récits à la première personne, mais il est clair qu'il n'y a pas ici de récit autobiographique tout au plus une utilisation par l'auteur d'éléments autobiographiques rencontrés dans des journaux intimes ou des mémoires concernant cet épisode sanglant et mouvementé de l'Histoire anglo-indienne, la révolte de 1857.

---

[180] L'œuvre de fiction de cet auteur eurasien comprend soixante-dix nouvelles de longueur variable, romans et histoires pour enfants. *A Flight of Pigeons* peut être considéré plutôt comme ce que les Anglais appellent « a novella » que comme une nouvelle ou un court roman.

[181] Première parution 1975.

Ce qui en fait l'intérêt principal à mes yeux est précisément le point de vue, l'angle de vision adopté pour la narration. Encadré par un prologue et des notes tous deux dus à l'auteur et à son utilisation tant de documents officiels comme le *Gazetteer* que de traditions familiales et de souvenirs personnels,[182] le texte de la nouvelle utilise les mêmes sources et les événements déjà exploités dans le roman de J.F. Fanthome, *Mariam*,[183] mais cette fois tels qu'ils auraient été vécus par une toute jeune fille anglaise pendant les mois de chaos et de danger permanents que dura la tragédie, et l'auteur est indien. Le salut précaire de la narratrice, jeune et vulnérable, vient de circonstances bien particulières qui lui font vivre la plus grande partie de cet épisode au sein d'une famille musulmane directement impliquée dans le soulèvement. Cette situation paradoxale permet à Bond de présenter une version plus nuancée des rapports entre les protagonistes des deux camps. Les rebelles ne sont pas vus comme de simples sauvages assoiffés de vengeance et de cupidité mais comme des êtres ayant leur propre conception de l'honneur et de l'humanité et capables de gestes généreux voire nobles. Si les loyautés respectives des protagonistes ne sont pas divisées, ceux-ci éprouvent cependant un regret et un chagrin sincères lorsque le monde extérieur force chacun à rejoindre son camp et à admettre la séparation définitive d'amis acquis dans l'adversité. Le sort tragique réservé aux vaincus est aussi déploré.

Ancré dans le réel tant par sa localisation, Shahjahanpur,[184] que par certains de ces épisodes anecdotiques (l'attaque de l'église et le meurtre des Européens, la chronologie précise des événements), le récit utilise aussi les tropes habituels à la fiction de la Révolte (« Mutiny fiction ») tels que le rôle protecteur des serviteurs fidèles, les prédications

---

[182] Bond, Ruskin. *Collected Fiction*, 825-828 et 897-898.

[183] Fanthome, J.F. *Mariam*, Bénarès, 1896.Voir à cet égard l'analyse de Gautam Chakravarti. *The Indian Mutiny and the British Imagination*, Cambridge University Press, 2005, 161-2 et173-4

[184] Ville d'importance géographique plus que relative mais au destin littéraire international, puisqu'elle apparaît non seulement dans les deux œuvres de fiction en anglais déjà mentionnées mais aussi dans *La Maison à vapeur*, le roman de Jules Verne sur la Révolte des Cipayes.

d'ermites hindous ou musulmans, les déguisements salvateurs, le massacre des innocents, l'adoption d'enfants anglais par des Indiens…. Il met en scène la jeune narratrice, Ruth Labadoor, et surtout sa mère, Mariam, dont la forte personnalité est déterminante pour le déroulement des événements. En effet, les Labadoor ne sont pas une famille ordinaire d'Anglo-indiens[185], puisque M. Labadoor, petit employé de la Compagnie, est originaire de Jersey et descend d'une famille française, et que sa femme est eurasienne, sa mère appartenant à une famille musulmane aristocratique de Rampur.[186] De ce fait, certains développements deviennent possibles et la survie de ces femmes, après le meurtre de Labadoor dans l'église, devient plus vraisemblable. En effet, contrairement aux Anglaises vivant alors aux Indes, les femmes Labadoor parlent couramment l'ourdou (rappelons que la grand'mère est indienne) et ont toujours fait preuve vis-à-vis de leurs voisins ou domestiques indiens d'une grande amabilité et d'une sympathie quotidienne. Etant donné leur aspect physique, il leur est aisé de passer pour Indiennes une fois revêtues des habits adéquats et de s'intégrer à la vie quotidienne des femmes indigènes d'une classe sociale équivalente après avoir pris soin de changer de noms[187]. C'est en effet ce qui se passe lorsqu'après avoir échappé au massacre grâce à la protection de Lala Ramjimal, le voiturier hindou qui les cache un premier temps chez lui, elles sont enlevées par le jeune chef pashtoun Javed Khan[188] qui les enferme dans son zenana, avec les femmes de sa maisonnée. C'est là et dans d'autre maisons de sa

---

[185] Anglo-indien : le terme est utilisé ici au sens originel, c'est-à-dire Anglais vivant aux Indes, et non pas au sens administratif qu'il prendra en 1901 comme synonyme d'Eurasien.

[186] Ce qui situe son union avec un Britannique dans les dernières années du XVIIIème siècle, époque où de telles unions n'étaient ni rares ni déconsidérées.

[187] « *Maman jugea prudent d'adopter des noms indiens. Je devins Khurshid, ce qui en Persan signifie 'soleil', et Anet, à cause de sa petite taille devint Nanni. Pilloo reçut le nom de Gulam Husain et sa mère fut désormais 'Maman de Gulam Husain'. Bari-bi fut naturellement le nom donné à Grand'mère.* » 839.

[188] « *Javed Khan, comme vous le savez est le plus grand brigand de la ville* », 835.

famille, comme chez sa tante Kothiwali ou sa sœur Qamran, qu'elles passeront toute la durée de la Révolte et seront tenues au courant de l'évolution de celle-ci grâce aux échos qui parviennent jusqu'aux femmes de ces chefs rebelles. L'image qui est ainsi donnée des événements est donc celle qui se dégage des réactions de ces familles musulmanes rebelles dont la vie est directement affectée par le soulèvement, mais, comme elle vient d'un point de vue non combattant, les violences et les combats sont rejetés hors scène, dans les récits a posteriori des jeunes hommes pleins de vantardise et désireux de se faire valoir auprès des femmes de leur famille. Ce qui se passe sur scène, au premier plan, est la vie quotidienne des femmes musulmanes durant cette période, c'est-à-dire une vie quotidienne, routinière et bien peu affectée par le bruit et la fureur réservés au monde de leurs parents masculins.

Sans que personne n'oublie jamais que les Labadoor sont anglaises, elles sont accueillies en visiteuses, certes forcées, mais bienvenues, par la plupart des autres femmes curieuses de les découvrir et surprises de les voir si semblables à elles mêmes, mais plus instruites (Mariam les émerveille par ses soins infirmiers ainsi que par ses talents de couturière, que partage d'ailleurs Ruth dans une moindre mesure, et qui sont mis à profit par l'ensemble du zenana)[189]. En fait, les mois passés en compagnie de cette famille musulmane dans l'intimité complice du zenana seraient paisibles, voire agréables, s'ils n'étaient assombris par le deuil passé, l'inquiétude pour le sort d'autres membres de leur famille et surtout par les desseins matrimoniaux de Javed Khan envers la très jeune Ruth.[190] Car si Javed a enlevé ces femmes et les garde prisonnières/protégées dans l'enceinte de sa maison, c'est qu'il est amoureux fou de Ruth et veut en faire sa seconde épouse. L'habileté de Mariam qui d'esquive en esquive permet de retarder l'accomplissement de ce vœux est à mettre en parallèle avec l'honorabilité de la conduite de Javed qui ne force pas son avantage et respecte la jeune fille pourtant totalement à sa merci. Ainsi, l'image du

---

[189] "*Nous fûmes très vite les favorites dans la maison de Qamran et les membres de la famille rivalisaient de gentillesse à notre égard.*", 864.

[190] « *Personne ne vous fera du mal, je vous l'assure. Au contraire, vous avez sauvé notre fille du déshonneur. Je la marierai de façon honorable quand vous voudrez* ." 848

Pashtoun, chef rebelle et par ailleurs peu scrupuleux, se transforme lorsqu'il est vu dans l'intimité familiale en celle d'un homme d'honneur qui parvient lorsqu'il le veut à dominer ses instincts et ses passions ; et la fin de la nouvelle le voit même se comporter en amoureux chevaleresque et généreux puisqu'il renonce à Ruth pour laisser à ses hôtes forcées la possibilité de rejoindre le camp des leurs avant de disparaitre vers les montagnes de la Frontière.

Vue du zenana, la Révolte n'est qu'un épisode guerrier parmi d'autres qui permet aux hommes de rechercher les honneurs, voire l'honneur, nécessaires à leur statut dans leur communauté, et aux femmes d'affirmer la solidarité et la sympathie entre toutes les femmes quelle que soit leur communauté d'origine, de rire aussi des rêves de gloire des hommes qui mettent en danger le bien-être de la communauté tout entière.

Vu par les hommes, le soulèvement est essentiellement nationaliste et politique. Il s'agit de chasser les étrangers qui ont dépossédé cette noblesse musulmane de ses droits et de ses privilèges et de rendre au pouvoir moghol dont elle dépend tout le prestige et la force perdus au profit de la Compagnie. Après les violences et les destructions du soulèvement, la première mesure prise par ses chefs est la mise en place d'un pouvoir moghol au niveau local qui doit rétablir l'ordre quitte à punir les exactions commises par certains d'entre eux. Le nouveau Nawab de Shahjahanpur recherche autant l'ordre que son homologue britannique qui l'a précédé, mais cet ordre est exigé au nom d'une autre autorité, celle de Bahadur Shah, le suzerain traditionnel de ces croyants.

Et si la prédiction d'un sage avait, selon la tradition, prévu le rejet des étrangers à la mer après un siècle d'occupation, un autre message de Mian Saheb, le fakir, prédit aux musulmans de Shahjahanpur soulevés que le règne des étrangers durera encore un siècle car, dit-il, ils sont comme les pigeons que l'on chasse : ils s'en vont mais reviennent aussitôt après.

> *Il leur dit que le retour des Firangi ne faisait pas de doute. Il faudrait encore 100 ans pour qu'ils s'en aillent. "Regardez, les voici" cria-t-il, le doigt pointé*

vers le Nord d'où montait un vol de pigeons blancs au-dessus de la ville. "Ils arrivent comme ces pigeons blancs qui s'envolent quand ils sont dérangés, tournent dans le ciel et reviennent se poser. Les pigeons blancs des collines."[191]

Donc, avant même la fin de la nouvelle la victoire britannique est annoncée et l'ordre moghol destiné à disparaître une nouvelle fois.

Pour Ruth Labadoor et sa famille, les événements se précipitent après la reprise de Delhi par les Britanniques et la campagne des troupes anglaises atteignant enfin Shahjahanpur leur permet de retrouver famille et liberté. Débarrassée à jamais des attentions de Javed Khan, la jeune fille ne peut cependant pas oublier le charme de l'homme maintenant inoffensif ni le romantisme de la situation, si bien que l'impression finale laissée par le chef rebelle et prétendu barbare est plutôt positive, celle d'un homme en fin de compte respectueux et passionné ayant son propre sens de l'honneur.

Peut-être est-ce pour cela que Ruskin Bond le fait échapper à la cruauté vengeresse du châtiment que les Anglais destinent aux rebelles ! En effet, contrairement aux autres fictions de la Révolte, celle-ci présente un point de vue finalement non-britannique des faits et donc aboutit à des conclusions différentes sur l'origine, les motifs et les actes commis par les rebelles ; la justice punitive britannique n'y a pas sa place et se trouve rejetée hors scène, après la fin de la nouvelle. Pour lui garder cependant la crédibilité requise de cette tradition littéraire, il était nécessaire que le récit en fût fait par un narrateur anglais. Le personnage de Ruth Labadoor lui a permis de souscrire à cet impératif du genre tout en lui apportant une dimension supplémentaire qui lui permet de renouveler celui-ci en déplaçant le point de vue par trop rigide et partial du narrateur habituel.

Comme pour confirmer ce déplacement du point de vue narratif, le film qui a été tiré de la nouvelle est dû à un

---

[191] *Collected Fiction*, 871. Comme un autre passage de la nouvelle a révélé la considération superstitieuse dont jouissent ces oiseaux, la métaphore prophétique a encore plus de force et d'impact sur les auditeurs du sage.

metteur en scène indien. *Junoon* par son titre même met en évidence qu'ici la Révolte des Cipayes n'est qu'une toile de fond pour une histoire sentimentale.[192] Ce glissement du sens du récit, s'il peut certes être expliqué par la nature du médium d'expression et du public visé, est aussi beaucoup plus intéressant si l'on garde en mémoire le fait que la narratrice est une jeune adolescente et que toute l'action se centre à l'intérieur du zenana. Dans le film, le soulèvement n'est que prétexte visuel à l'intrigue passionnelle et, même si le film suit fidèlement les épisodes de la nouvelle, l'intrigue n'est plus la même car il s'agit alors de savoir si Javed va respecter ses engagements en homme d'honneur et/ou si Ruth va effectivement succomber à son charme, ce que les dernières images du film nous laissent d'ailleurs entendre. *Junoon* est donc une simple histoire d'amour, « *romance* » mettant en scène deux protagonistes de races et de cultures différentes qui ayant appris à se connaître un peu grâce aux circonstances historiques parviendront à s'aimer d'un amour partagé et seront inexorablement séparés à tout jamais par leur appartenance communautaire. Peut-on rêver d'un dénouement plus romantique ?

Sous une fidélité apparente à l'œuvre de Ruskin Bond, le metteur en scène de *Junoon* a affadi, trahi, l'essence dramatique de la nouvelle pour la transformer en une bluette romanesque dans laquelle le thème central, celui de la Révolte des Cipayes, n'est plus qu'un accessoire visuel de film historique. Ce qui faisait l'originalité de la nouvelle dans le sous-genre des " récits de la mutinerie ", a été transformé pour n'être plus que la plus banale histoire d'un amour impossible qui pourrait se situer dans n'importe quel contexte où deux communautés se côtoient.

Pour coûteuse qu'elle soit en terme de qualité fictionnelle et esthétique, cette transformation de « A Flight of Pigeons », n'en est pas moins intéressante en ce qu'elle témoigne de la diversité de la postérité artistique de la Révolte

[192] *Junoon* [Passion]. 1978, metteur en scène Shyam Benegal, avec Shashi Kapoor, Jennifer Kendal, Nasseeruddin Shah…

des Cipayes jusqu'à l'époque contemporaine.[193] Mais si l'on s'en tient à la nouvelle seule, le parti-pris de Ruskin Bond de souligner la similitude de sentiments qui animent hommes et femmes des deux communautés, en prenant en quelque sorte le contrepied narratif de ses prédécesseurs face aux mêmes événements, situe ce récit de conflit et de violence dans une démarche œcuménique de rapprochement des cultures où les « méchants » sont définis en terme de morale universelle par la lâcheté, la cupidité ou la cruauté gratuite, et non plus par leur appartenance à un camp ou un autre, par leur dignité, leur compassion et leur générosité qu'ils soient Anglais ou Indiens. Comme le souligne Satish Aikant, "*Bond traque les stéréotypes raciaux de l'Orientalisme qui voit les Hindous, les Musulmans et les Sikhs tous aussi intolérants et bigots les uns que les autres*"[194] et laisse ainsi entrevoir une autre société indienne où Anglais et Indiens auraient pu non seulement se respecter mutuellement mais vivre ensemble leur commune humanité.

ŒUVRES CITEES :

Aikant, Satish. « Rebels of Empire : the Human Idiom in Ruskin Bond's ' A Flight of Pigeons' », 14th Triennial Conference of ACLALS, 'Literature for our Time' Vancouver, Août 2007.

Benegal, Shyam. *Junoon*, Film-Valas, 1978, (DVD Prism Leisure 2006)

Bond, Ruskin, « A Flight of Pigeons", *Collected Fiction*, Penguin Books India, 1999

Chakravarti, Gautam. *The Indian Mutiny and the British Imagination*, Cambridge University Press, 2005.

Fanthome, J.F. *Mariam*, Bénarès, Chandraprabha Press, 1890.

Mehta, Ketan. *The Rising. Ballad of Mangal Pandey*, Yash Raj Films, 2005. (DVD Amir Khan, 2005)

Verne, Jules. *La maison à vapeur*. Paris, Hetzel, 1880.

[193] Voir, par exemple, la riche bibliographie de l'ouvrage de G. Chakravarti et plus récemment encore le film dédié à Mangal Pandey, *The Rising*, 2005.

[194] Aikant, Satish. « Rebels of Empire : the Human Idiom in Ruskin Bond's ' A Flight of Pigeons' »,

ANNEXE

THE HISTORY

INDIAN MUTINY:

A DETAILED ACCOUNT

SEPOY INSURRECTION IN INDIA;

BY CHARLES BALL, ESQ.

TABLE DES MATIERES

L'HARMATTAN, ITALIA
Via Degli Artisti 15 ; 10124 Torino
L'HARMATTAN HONGRIE
Könyvesbolt ; Kossuth L. u. 14-16
1053 Budapest
L'HARMATTAN BURKINA FASO
Rue 15.167 Route du Pô Patte d'oie
12 BP 226
Ouagadougou 12
(00226) 50 37 54 36
ESPACE L'HARMATTAN KINSHASA
Faculté des Sciences Sociales,
Politiques et Administratives
BP243, KIN XI ; Université de Kinshasa
L'HARMATTAN GUINÉE
Almamya Rue KA 028
En face du restaurant le cèdre
OKB agency BP 3470 Conakry
(00224) 60 20 85 08
harmattanguinee@yahoo.fr
L'HARMATTAN CÔTE D'IVOIRE
M. Etien N'dah Ahmon
Résidence Karl / cité des arts
Abidjan-Cocody 03 BP 1588 Abidjan 03
(00225) 05 77 87 31
L'HARMATTAN MAURITANIE
Espace El Kettab du livre francophone
N° 472 avenue Palais des Congrès
BP 316 Nouakchott
(00222) 63 25 980
L'HARMATTAN CAMEROUN
Immeuble Olympia
Face à la Camair
Yaoundé
harmattancam@yahoo.fr

1872 - septembre 2008
Achevé d'imprimer par
1livre.com
du rêve à la réalité !